侯　楨　著

侯楨作品集4：短篇小說

兩代之間

文史哲出版社印行

兩代之間 / 侯楨著 -- 初版 -- 臺北市：文史哲，民 101.03
頁；　公分（侯楨作品集；4）
ISBN 978-986-314-016-0（平裝）

857.7　　　　　　　　　　101002787

侯楨作品集 4：長篇小說

兩代之間

著　者：侯　楨
出版者：文史哲出版社
http:// www.lapen.com.tw
e-mail：lapen@ms74.hinet.net
登記證字號：行政院新聞局版臺業字五三三七號
發行人：彭正雄
發行所：文史哲出版社
印刷者：文史哲出版社
臺北市羅斯福路一段七十二巷四號
郵政劃撥帳號：一六一八〇一七五
電話 886-2-23511028 · 傳真 886-2-23965656

定價新臺幣三二〇元

中華民國一百零一年（2012）三月初版

ISBN 978-986-314-016-0　　08524

兩代之間

明天又是周末，對夏維川來說，周末已經毫無意義，他懶得聽同事們眉飛色舞的計畫明後天的假日活動，一心把自己埋頭在工作上，讓心情保持平靜。

忽然，有人叫他聽電話，反正不會有什麼好事情，他懶洋洋的走過去，拿起電話，無精打采的喂了一聲，精神剎那振奮起來：

「是，是，我是夏維川。」

電話那頭傳來老同學小王親切的笑聲：

「我知道你是夏維川，還用得著你自我介紹！是這樣，惠書說房子已經整理好，請你們來撿查一下，我已約了他們幾個，明天下了班直接來，惠書説連午餐都為你們準備好，夠誠意了吧？你和蘭瑛商量一下，一塊來，好嗎？」

「好好，不必商量，一定來……。」

夏維川不假思索，爽快的答應。

放下電話，他感到全身血液暢通，精神煥發，剛才懶懨懨的情緒統統趕跑了，他興奮的馬上撥個電話給太太，報告好消息。號碼撥通，他忽然又猶豫起來，算了，還是回去再説吧，隨手掛上電話。

回家路上，夏維川的心情沒有預期的輕鬆，明天能不能去他沒有十分把握，不過，這次理由充足，應該不會有問題才對。想到太太的脾氣，他的熱度降低了。不過，剛才話已出口，明天無論如何也要赴約的。再説這次憋得太久，她總應讓他輕鬆輕鬆吧？想到明天的聚會，心頭一陣興奮，腳步加速奔回家去。

夏維川的太太史蘭瑛在一間規模不小的公營機關作事，平時比先生早到家，夏維川回到家裡，她正在廚房裡弄晚餐，聽見丈夫回來，加速動作。習慣上，夏維川一到家就叫肚子餓的。

今天，夏維川一反慣例，沒有先看晚報，自動到廚房幫太太拿這樣遞那樣，看見太太心情好，才小心翼翼的陪著笑臉說：「蘭瑛，我有好消息告訴你，小王剛才來電話說明天請入伙酒，叫我們下了班就去，我已答應他了，你看我們送些什麼東西給他才好？我想……。」

沒料到他話未說完，史蘭瑛已扯下圍裙，一句話不說掉頭衝進臥房，抓起床上的皮包和桌上那個裝滿玩具、食物、衣服的手袋，連鞋子都沒有穿好，踩著鞋跟向樓下衝；衝到二樓的時候，被夏維川追上。他一把抓住她的臂膀，奪過她的手提袋，喘著直噏口水，把幾乎跳出口腔的心臟噏回去，過了很久才說出話來：

「蘭瑛，別這樣子嘛，你聽我把話說清楚好不好？不是我不想回去，的的確確是因為……。」

史蘭瑛的情緒本來很好，明天的周末對她來說，就像是大喜的日子一般的令她興奮，她在廚房裡一邊哼著歌一邊弄晚飯，沒想到丈夫一回來就給她潑冷水，她當然生氣了，脹紅著臉，用力掙扎著：

「放手，明明是自己不想回去，你少找藉口，你怎麼說都沒有用，我不聽你那套，我叫你放手，聽到了沒有？」

夏維川沒料到她的脾氣會來得那麼快，有點措手不及，低著頭看看自己光著的腳板，心裡感到好狼狽，不覺倒抽了一口涼氣，忙用身體擋著妻子的去路，同時也希望能擋著自己的尷尬。他把妻子捏得緊緊的，生怕她掙脫跑掉。心裡雖然不高興，臉上仍然裝著歉然的笑容懇求她：

「蘭瑛，別這樣子嘛，有事好商量，何必這樣子嘛？你看，有人上來了，我們回去吧，回去再說，好嗎？別在這裡擋著人家走路……。」

有人在他們身旁擦身而過，夏維川趁機摟著她的腰，推她上去，史蘭瑛用力拉著扶梯，咬著嘴唇，硬是不上：

「放手，我不再聽你鬼扯，你不回去拉倒，你死到他們家去算了，我不稀罕，我不求你回去。」

又有人在他們身旁側身而下，還向他們點頭微微一笑，夏維川好尷尬，趨到妻子耳邊小聲的説：

「你看，人家笑你了，趕快上去吧，你怎麼老是這麼不講理，也不怕人家看了笑話？」

史蘭瑛在氣頭上，什麼都不在乎了，她把頭髮一甩，任性的吼叫起來：

「笑？笑他個頭，笑死了我也不上去。」

滿頭大汗的夏維川既心急又難為情，不知該怎麼辦才好，他不住的上下張望，生怕又有人經過。這是間公寓，此刻正是下班放學的時間，出入的人很多，雖然鄰居都不認識，可是在樓梯上拉拉扯扯也不像話，拉她不動，忽然也發起狠來，用力一捏：

「不上去就不上去，我今天絕對不放手，我們今晚就站在這裡過夜好了。」

史蘭瑛一怔，沒想到丈夫居然敢向她發狠，她用力掙脫了幾下，一點用處都沒有，臂膀被他捏得好痛，沒奈何，只好屈服。她氣呼呼的一步一頓腳，用力蹬回四樓。

一回到家，夏維川趕緊把門關上，靠著門背長長的舒了口氣，感到混身無力，肚子餓了。

史蘭瑛進門把皮包用力一甩，奔進臥房，撲在床上大哭起來。

夏維川忍氣吞聲的撿起散落一地的東西，頹然的跟進臥房，看她搥床打被的哭鬧，也不去勸她，默默的走到窗前愣愣的望著天空，他個性比較木訥，也不喜歡吵架，每次爭執，他都盡量忍耐著。以往，他得罪了太太，他會坐在床前陪不是，直到太太發洩夠了，原諒他了，他才鬆口氣。但是今天，他怎麼都無法強迫自己坐到床前，他要讓她鬧個夠，看看她能哭到幾時？

站在窗前，他心煩意亂的低著頭看街景，街上車水馬龍，熙熙攘攘，不知不覺天色黯了下來，剎那間，已經萬家燈火，川流不息的車燈，他感到好耀眼，喇叭尖銳的刺著他的耳膜，他心中煩亂，肚子不斷咕咕的叫，幾次想走過去拉她，都忍耐著，香菸一支接一支的抽個不停，弄得滿室煙霧瀰漫，史蘭瑛忽然嗆咳起來，他向黑暗中瞄一眼，無動於衷的仍然猛吸著。

史蘭瑛霍然坐起，扯開喉嚨大聲叫起來：

「你想死呀？你想活生生把我嗆死是不是？」

夏維川慢吞吞走過去把燈開了，看見她那蓬頭垢面的潑辣相，心裡好厭惡，聲音平淡的說：

「鬧夠了吧？可以起來吃飯了吧？我的胃都翻過來了。」

史蘭瑛早已哭夠了，左等右等他都不來道歉，叫她下不了台，心中更氣忿，又被他的菸嗆得好難受，他居然還裝著若無其事，心一狠，以牙還牙，索性不理他，倒頭又睡下去。這下夏維川急了，她這一睡，晚飯什麼時候才能到口？不能再鬥了，只好心不甘情不願的伸出那雙沁著冷汗的手：

「好了，對不起，明天我不去赴約就是了，我又沒說非去不可，你生那麼大的氣做什麼？」

史蘭瑛經過一陣發洩，累了，也餓了。既然他已說好話，也就順水推舟。賭氣沒有拉他的手，霍然站起向廚房走去。兩人由臥房轉到廚房，史蘭瑛的氣仍未消，一邊炒菜一邊罵：

「是我要生氣的嗎？自己的兒子不看，卻要去看人家的新房子，莫名其妙。」

夏維川飢火中燒，極度不耐煩：

「說來說去就是這幾句話，你到底有完沒完？虧你還是做了媽媽的人，說話完全不講道理。」

「什麼不講道理？他搬家請客那一天不可以請？為什麼一定要選星期六，明知道我們星期六要回家看兒子的，他如果真有心請客，就不該選星期六，可見他們是專門想和我作對……。」

「誰有閒功夫和你作對，人家也是星期六才有時間，平時大家上班都忙。我們看兒子又不是什麼不得了的事情？少看一次有什麼關係？」

史蘭瑛最恨丈夫說這種沒感情的話，火氣更大，用力把鏟子一敲，拍的一聲把火關了，誠心氣他：

「我一個星期才看一次兒子當然有關係。我就知道你們這幾個無聊的傢伙，只想找藉口打牌，我討厭你們這副德性，我不准你參加，你們只要牌桌一坐，準是通宵，星期天則睡大覺，兩天的假期就這麼報銷了，莫名其妙……。」

夏維川已餓極，自己走過去把菜鏟起來，嘴裡嘀咕著：

「星期假日本來就是用來消遣的，又不是每星期都這樣，一年也難得有幾次聚會，偶然玩玩而已。再說這次小王弄這個房子也費了九牛二虎之力，人家高高興興的請我們去玩，怎麼好意思拒絕？」

「他弄房子費力，我生兒子就不費心血？人家的房子再好也不關你的事，就不曾看你關心過兒子……。」

夏維川已吃完一碗，站起來又去再添，火氣已降了很多：

「你看你又扯到那裡去了，這是兩碼子事，怎能混為一談？我看你的腦袋真有問題……。」

「你的腦袋才有問題，兒子不在身邊，你卻若無其事，你還真放心得下……。」

「兒子在媽那裡，有什麼放心不下的？他那麼小，什麼都不懂，在媽媽那裡有吃有玩，我們看不看都無所謂……。」

「你只要有吃有玩，天塌下來也無所謂，不管你怎麼說，明天就是不准你去。」

史蘭瑛邊吃邊罵，夏維川懶得再理她。肚子吃飽，心裡仍然不舒坦，明天小王家是去不成了，無奈何，只好撥個電話取消約會：

「喂？振中嗎？……我是維川……我明天不能來了……反正你知道原因的……一言難盡……不說也罷……是看兒子去……什麼……浩然也說不能來……？又鬧翻了……回娘家了……嘿嘿……唉……改下星期……唔……再說吧……好的，再見。」

放下電話，夏維川嗒然的苦笑了一下，嘆了口氣，又一個倒楣的傢伙……。

他默默的坐在電視機前，打開電視，拿起晚報，隨手燃起一支菸，心不在焉的猛吸著，情緒好落寞。他對自己的生活有一連串的疑問，不知道自己對這種情形還能忍多久？繼續做個聽話的木頭人？還是不顧一切的和她鬧翻算了？他內心又一次的在沖激著……。

史蘭瑛聽見他打電話取消約會，心裡浮起一絲勝利的微笑。心裡又多少有點不過意，匆匆收拾餐桌，踱到他面前，微笑著細聲細氣的問他：

「你剛才說什麼？是不是浩然又和太太鬧翻了？」

「唔！」

「結婚還不到半年呢？這怎麼得了？」

夏維川噴了幾個煙圈，瞥太太一眼，冷然的笑笑：

「流行嘛，有什麼不得了的，有我們這種朋友做榜樣，還能不傳染嗎！」

史蘭瑛知道他存心諷她，臉色一變：

「你這是什麼意思？我不怪他們已經不錯了，沒事就打電話來挑撥，電話一來你就心癢癢，見面就是打牌，好像不打牌就沒別的事好幹。難道你們不能找些正當的消遣？」

夏維川鼻子哼一聲，不屑的瞪她一眼：

「什麼是正當消遣？打橋牌？打高爾夫？下圍棋？還是上教堂？」

「不管做什麼都比你們打麻將高尚。」

「笑話，什麼高尚不高尚的？哦？人家洋玩意就高尚？我們土麻將就不高尚？」

「起碼人家不是賭博。」

「你玩過？你看過？你怎麼知道人家是怎麼玩的？你怎麼知道人家不會賭博？」

「是賭博為什麼人家可以公開的玩？你們卻要偷偷摸摸的見不得人？」

夏維川本來懶得和她解釋，卻又不願放過教訓她的機會，也希望能說通她：

「這就是一般人崇洋的心理，什麼都是外來的好，連自己國家古代發明的這種玩的文化，都不被重視，把它視為敗壞心智的行為，實在令人痛惜，也叫人感到困惑……。」

「你看，講起麻將你就眉飛色舞，大篇道理，居然還振振有詞……。」

「我是振振有詞，只因為你對它不瞭解，就武斷的口口聲聲說我們賭博，你只要願意深入瞭解分析一下，就會知道我們玩的狀況。我們只不過是趁有機會聚首的時候，一邊打牌一邊聊天，免得那麼單調，我們打牌純粹是逗樂，玩一種鬥智的遊戲，你幾時見我們打牌時為錢爭執過？你憑良心想一想，有沒有？明明是一件輕鬆愉快的事情，你偏要把它看成罪不可赦的犯罪行為，真是荒謬幼稚之至。」

夏維川滔滔不絕，倒讓史蘭瑛想起往事來——和維川認識之初，就發現他經常找藉口去打牌，起初還瞞著她，後來給她發覺了，他竟然拉她一塊參加。每次看他打通宵後那種萎靡不振的樣子，心裡就起反感，勸過幾次都不聽，真想拂袖絕他而去，又心有不捨，於是經常悶悶不樂的陪他枯坐通宵。當時她曾發過誓，結了婚一定要好好修理他，絕不能放縱他，不能讓他再荒唐下去，這幾年，還是為這件事經常嘔氣……。她越想越氣，絕對不能讓步，否則這輩子輸定了。她瞪他一眼：

「你別說得那麼冠冕堂皇，社會上多少人就是因為你們這種自以為高尚的消遣行為而傾家蕩產，家敗人亡。你還大言不慚，把它說得那麼清高聖潔，我看你是牌迷心竅，你簡直到了無藥可救了……。」

夏維川不知道她在翻老帳，心情和她一樣，抑制了太多的悶氣，非教訓她不可，了不起攤牌算了，想到這裡，他態度也強硬起來：

「你這完全是以偏概全的說法，你怎麼能拿那些低俗沒水準或是別有用心的人來衡量天下人？那些敢傾家蕩產的人根本不是為娛樂或消遣。所以說，打牌要看人的性格，有些人就不宜打牌，一打就入迷，萬事皆休，尤其是那些有賭性的人，是會傾家蕩產，不過那只是少數中的少數，那種人不一定是打麻將，做任何事情都可以賭，如果把那些爛帳都算到這上頭來，那就太不公平。你大概沒聽說過吧？打牌是君子之交，要有君子風度，才能體會出個中情趣，那像你一點都不瞭解，光會開口賭賭賭，你把它說得太沒水準了……。」

史蘭瑛眼睛不眨一下，盯著他說話的神情，腦海裡又瞥過他們打牌時的嬉笑喧鬧情形，心裡一陣厭惡，不想聽他廢話，冷笑一聲：

「你是說你們打牌是君子嘍？你的性格很適宜打牌嘍？哼，做夢，我警告你，再說也沒有用，我就是不喜歡人家打牌，我反對打牌，我恨打牌……。」

史蘭瑛越說聲音越大，故意把他打開的電視轉來轉去，作為抗議。

夏維川無動於衷，話不投機半句多，跟這種不可理喻的人再說也是多餘，他已習慣了她的霸道，故作泰然的點起一支菸，閉上眼靠在沙發上悠然的吸著，不再理她。

●

史蘭瑛最恨他這種冷漠的態度，眼看氣不倒他，征不服他，心一酸，忽然又想哭了。她感到自己好委屈，看兒子又不是什麼罪過，為什麼要用這種態度氣人？當初如果不是他提議，他堅持，她不會把孩子留下來交給他媽媽帶，她也不會落得今天這麼淒涼難堪。他連自己的父母都無法說服，就只會整老婆，耍威風。辦公廳的同事還說她福氣好，不用自己帶孩子，下了班自由自在，晚上可以舒舒服服的睡覺。她們天天看得到孩子，當然會說風涼話，她們怎麼會知道孩子不在身邊的寂寞難過？每天下班回家，家裡冷冷清清，跟沒孩子以前的感受完全不一樣。千思萬想，千掛萬慮的好不容易熬到周末，可以回去抱抱兒子了，他卻時常找些理由來推三阻四，每次回家，他都不甘願，一副無可奈何的表情，好像兒子不是他的，越想越不甘心越委屈，她站起來，狠狠的瞪丈夫一眼，用力把電視關掉，不准他看，懷著一肚子的悶氣悻悻然回房裡。

夏維川瞄著她的舉動，她一走開，又把電視打開來，眼睛盯著電視，思緒卻跟著畫面跳動不已，忽然又感嘆起來，生活實在無聊，每天像機器般的工作著，倆人早出晚歸，等車轉車，下班回到家裡，看晚報，等晚飯，飯後她要洗洗抹抹，他則要寫點東西，增加些收入。為了這間公寓，兩人都必須勤勞的工作，平時大家都忙，有時候累得連話都懶得多說一句，就疲倦的睡覺了。好不容易等到周末，下午不必上班，有一天半的假期。照說，可以輕輕鬆鬆的做些自己喜歡的事情，或是找朋友聚聚聊聊天，或是看場電影吃頓小館之類的調劑一下生活。可是，他卻仍然要等車轉車的去看兒子，周末下午回去，周日下午回來，連朋友間偶然的應酬她都不准參加，這種生活實在無聊透了。還以為孩子放在父母那裡，一個月或個把月回去看一次就可以，誰會想到她那麼死心眼，每個星期都拖他回去看一趟，碰上他有非去不可的應酬，不能陪她回去，她就哭哭啼啼的在父母面前派他的不是……。

唉，早知道結婚是這種況味，還不如婚前來得自在。想起幾年前，他們幾個談得來的同學，初入社會，剛剛會賺錢，每逢周末假日，各人帶點吃的——滷菜、花生、啤酒、饅頭之類的，找個地方，經常一聚通宵。同學面前，百無禁忌，把生活上的遭遇，酸甜苦辣的傾訴一番，也可以添油加醋的大蓋一通，暢快無比。

後來一個個成了家，有的遠飛國外，有的被工作縛得連吃飯睡覺都變成奢侈品，這種聚會傾談的機會就越來越少。偶爾見面，大家都無暇再作竟夜談，結了婚的人，行動都受到約束。還好小王娶了位和他情投意合、瞭解他個性的太太，只要有機會，就約大家去聚聚，他租的房子雖然狹小，卻一直是我們羨慕的安樂窩。也是我們幾個老友鬧家庭意見的避難所。去年他傾其所有，加上他母親的積蓄，還有一筆不少的分期付款，買下這間公寓，新居遷入，當然要熱鬧一下，他在電話中還得意的說：以後到他家去玩，不要我們再吃滷菜生力麵了，新居有一間好廚房，他太太願意為我們一顯身手，這是多麼令人嚮往的好消息。

可恨該死的蘭瑛卻不准他去，真是豈有此理。連這點樂趣都不能享受，還談什麼人生？難道每日不停辛勤的工作，就是為了買這間公寓？為了等兒子長大？難怪那天老鄭發牢騷說，結婚前大家都忙，卻忙得起勁，忙得有聲有色，結了婚仍舊忙，卻忙得散漫消沉，有點無可奈何。難道這就是所謂的婚姻生活嗎？常聽人說：結婚後的生活像嚼橄欖，越嚼越芬芳，我看哪，像嚼口香糖比較合適，倒是越嚼越乏味了……。

夏維川對著電視機胡思亂想，一大壺冷開水被他灌光仍感口乾，剛才吃飯的時候心裡生氣，不知不覺吃掉半瓶辣椒醬，難怪現在一直口渴。他站起來去倒冰水，經過臥房，瞥見蘭瑛又在翻那隻明天要帶回去的手提袋，他心裡忽然有所悟，既然她那麼思念兒子，乾脆抱回來算了，以後我們也不必每星期來去匆匆的到臺中看兒子，她也就不會無緣無故找我麻煩了。這倒是改善目前情況的好辦法，值得試試。

他心情忽然興奮起來，坐回電視機前沉思對策。兒子抱回來怎麼辦？佣人就算請得起也不放心把整個家托付給陌生人。送給鄰居帶，很難找到理想的家庭，除非蘭瑛不上班自己帶，那麼，她那份工作放棄又可惜，再說他一個人的收入也不夠開銷。雖然父親不上班，他又不肯搬來住，父親的脾氣他心裡明白，所以，他不願多想，當初就是因為這些問題，幾經商量，才決定在兒子滿月後，留下來給母親帶，現在想把兒子抱回來，不能解決的，還是這些一直煩惱著他的問題，叫他不知如何是好……？電視早已播畢，畫面出現雪花，他還是想不出個辦法來。最後仍然是嘆口氣，睡覺去了。

第二天。星期六，夏維川夫婦和往常一樣去上班，一個上午，史蘭瑛都無心在工作上，她不斷的看手錶，時間慢得像蝸牛散步，她心情卻急得像熱鍋上的螞蟻，好不容易熬到下班，她的辦公桌已收拾好，同事們都知道她趕著去臺中看兒子，看她急匆匆的奔出辦公室，都會讓路給她，免得被她撞倒。有些同事還打趣的明知故問：

「看兒子去？」

「對，看兒子去！」

史蘭瑛一邊跑一邊笑著答覆，心裡好興奮、好得意。

她匆匆的擠上公共汽車，匆匆的衝上四樓，連喘氣的時間都不願浪費，把冰箱的剩飯剩菜用開水泡溫，隨便吃了一點，同時把陽台上那隻狗碗加滿食物和飲水，沖乾淨糞便。夏維川討厭養狗，更反對在公寓養狗，她卻認為養隻狗可以嚇阻小偷。她這麼來去匆匆回家一趟，完全是為了牠，夫婦倆為這隻狗還經常反目。

一切料理停當，抓起那個皮包，鎖上門，又匆匆趕到車站，夏維川已買好票在等她。

夏維川沒有像太太那麼奔趕，他悠閒得多，下了班，在辦公廳附近的餐館吃完午餐，才直接到車站與太太會合，時間配合得正好。兩個半小時後，他們就可以回到臺中父母的家裡。

上了車，兩人都沒有說話，各懷心事，看來像兩個不認識的同路人。

夏維川的牌局被太太攪掉了，心裡一直耿耿不樂，他懶得和她說話，也沒有什麼好說，很快的，他就靠在椅背上，閉上眼睛，兩個半小時的行程，正好夠他睡一覺。

史蘭瑛無法闔眼，晃來晃去都是兒子的笑靨，兩三個小時，好漫長的一段行程，她又開始不耐煩。

●

在臺中，夏中雲和太太丁怡安住在一幢有寬敞院子的平房裡，他們在那裡已住了三十年，過得十分平靜。

今年初，夏中雲家裡添了個嬰兒，寧靜的家一下熱鬧起來，朗朗的笑聲和雄健的哭聲不時飄出屋外，連鄰居們都分享了他們的幸福。

這幾天，夏家沒有了笑聲，他們的孫兒病了，整個家籠罩著一層陰霾。夏中雲已經好幾天沒有到公園做晨間運動了，他太太晚上被孫兒吵得無法睡覺，所以他要早點起來和太太換班，讓太太能睡一會。

帶孫兒原本是很簡單的事，丁怡安有的是經驗，應該是駕輕就熟。但是現在帶孩子，名堂太多，她媳婦認為以前的方法已不合時宜，應該用育嬰專家研究出來的方法，所以，她一切都要聽從媳婦的指示來做。夏中雲感到很不習慣，也很不是滋味，他認為如果樣樣都要遵照、請示，豈不等於是佣人，幫人家帶孩子？那就太沒有意思了。帶人家的孩子是賺錢，帶自己的孫兒可是要貼本的呀？每當他心裡有疙瘩的時候，他就以此自嘲。他太太沒有他這種想法。她說她一點都不在乎，她樂於從頭學起，只要他們願意把孩子留下來，要她怎麼做都無所謂。對太太這種心理，夏中雲不知是該同情，還是該可憐？不過當他看到孫兒健康活潑一天天長大，看到太太帶了孫兒後精神奕奕的快樂勁，他也就不去計較了。

人無千日好，花無百日紅，沒想到一直健康活潑的孫兒忽然病了，這場病來勢太急，把這對老夫婦折磨得夠受了。兒媳婦不在面前，責任顯得更重，夫婦兩人天天抱著孫兒到醫院排隊看醫生，打針、餵藥，幾天不退燒，把他們急得六神無主，正打算通知兒媳婦來商量要不要轉臺北醫治的時候，幸得老天爺垂憐，及時退燒了。夫婦倆總算鬆口氣，雨過天晴，一切又恢復正常。

今天又是周末，夏中雲一早醒來，在太太房門口側耳聽了一會。孫兒生病這幾天，太太叫他睡到另一間房間，免得被哭聲吵醒。他聽見裡面很安靜，於是躡手躡足的轉到廚房，先熬下稀飯，再到院子裡活動一下筋骨，剛剛擺好架步，瞧見太太起來了，他趕緊趨前幾步，小聲的問她：

「昨晚小偉偉睡得好不好？沒有再發燒了吧？我好像沒有聽見他哭。」

丁怡安睜著一雙惺忪的眼睛，一面扣衣服，一面打呵欠，慢慢地走向院子：

「沒有再燒了，阿彌陀佛。不過還是咳得很厲害，仍然睡不安穩。」

「那你昨晚還是睡不好囉？你怎麼不多睡一會？」

「醒了就睡不著了。」

「偉偉沒有醒，你怎麼倒先醒了。」

丁怡安笑笑，沒答話，彎彎腰甩甩手的在做運動。

六十剛過福福泰泰的丁怡安，孫兒病這一場，心力交瘁，看起來一下憔悴了十幾歲似的，倒真像個老太婆了。可能是剛起來，還未梳洗整理，臉色好難看，看在夏中雲眼裡，十分心痛，真耽心她會倒下去，那可就麻煩大了，於是又催她：

「稀飯我已煮下去，衣服也晾開了，什麼事情都沒有，趁偉偉未醒，再去睡一會吧，如果他醒了我也會看著他的，去吧，再去睡一覺。」

院子角落那棵老桂花樹，這幾天正盛開，鵝黃色的小花朵落了一地，幾天沒有掃院子，小花朵已鋪成一個小黃花圈。丁怡安非常惋惜的看著這些落花，深深的吸幾口撲鼻的清香，抬頭仰望天空，藍天白雲，好個晴朗的天氣，她心境也開朗起來，欣然的說：

「知道嗎？今天是星期六，他們會回來，我等會要去買菜，那還能再睡？」

一聽太太要上菜場，夏中雲馬上皺起眉頭。雖然他也知道冰箱已經空了，這幾天，誰有閒情去買菜？可是……。

「要買菜我去好了，你現在還是去睡一會，等你睡醒了我再去買也不遲。」

丁怡安搖搖頭，臉上綻出幾天沒見的笑容：

「維川喜歡吃草魚，你不會買的，去晚了怕買不到。」

夏中雲心一沉，面部的肌肉扯動了一下，想說什麼又嚥回去。他這種心境，她不會聽的，看她腳步輕浮的做了幾下運動，逕自朝廚房走去，他不放心的跟著：

「你這個樣子怎麼能去買菜？我又不能陪你去幫你拿菜籃，我看還是我去買好了，你只要告訴我買什麼就好，我又不是沒有買過菜……。」

孫兒大病初癒，兒媳又要回來，丁怡安的心情當然開朗，她怡然的對老伴笑笑：

「我說你不會買就是不會買，維川喜歡吃蒸草魚，要看著魚販現殺的才能買，你怎麼會呢？」

太太對兒媳過份寵愛，夏中雲有點不是滋味，說不出是什麼感覺，反正心裡不自在，這種現象早已潛在了，現在看見太太在這付神不守舍的情形下，還要為他們操心張羅，心裡自然更不高興：

「偉偉病了幾天，你就馬虎一點不行嗎？他們又不是客人，何必那麼費事，你就算不為自己著想也為我著想，萬一你累倒了，我可就慘啦！」

丈夫光火，丁怡安一點都不介意，她拿塊抹布把溢出來的米湯抹乾淨，把火熄了，用勺攪幾下，回過頭來看著臉色陰沉的丈夫：

「你放心，菜場那麼近，走走不會有問題的。他們上班的人，每天要下了班才能帶菜回家，那裡能吃到新鮮的東西？等會小偉要是醒來，你搖搖他，不必抱他，他會再睡的，我很快就回來。」

丁怡安說完回房裡換衣服，夏中雲知道拗不過她，心裡很不高興。看她從廚房拾起菜籃向外走，忽然叫她回來：「怡安，你先吃碗稀飯再去，一個晚上起來好幾趟，肚子一定空了，吃碗熱稀飯出去比較好。」

丁怡安已經走到大門口。又停下來，不忍心再拒絕他，無可奈何的折回頭。

夏中雲小心翼翼的盛了碗稀飯給太太，還幫太太夾了幾條醬瓜，看著她把稀飯吃完，才放心讓她出去。

買菜回來，丁怡安遠遠的在門外就聽見丈夫說話的聲音，還以為來了客人，趕緊加快腳步，原來是丈夫抱著孫兒坐在客廳裡自言自語逗他玩，她急忙放下菜籃走過去：

「怎麼又抱他起來呢？」

夏中雲抬起頭來藹然的看看太太：

「你還未到菜市場他就醒了，怎麼搖都不行，還說他會再睡呢？你看他睡不睡？」

丁怡安氣喘喘的在丈夫身旁坐下，伸手抱過孫兒。原本像個蘋果似的小臉蛋，一下變得蒼白瘦削，抱在手裡，身體軟綿綿的，著實叫人心疼，丁怡安摟著他親了又親，親得他格格的笑起來，那雙深黑的眼睛像足了維川，尤其是他看人的眼神，她越看越有感觸，忽然側著頭看著丈夫，想在丈夫臉上找尋些什麼：

「中雲，你看他像不像維川小時候？我看簡直是一模一樣？尤其是他盯著人看的神態，像極了。」

夏中雲對兒子幾個月大的印象模糊，那時候他在軍中，經常不在家，那裡有時間注意兒子？他對太太的問話感到慚愧，於是凝望著孫兒，也希望能在孫兒的臉上拾回些什麼，可惜他什麼都想不起來，只有搖搖頭，回報太太一個抱歉的笑容：

「兒子當然像父親，那還用說。」

丁怡安好高興，孫兒雖然瘦了一點，但是精神已經復元，特別是笑起來露出四顆貝殼似的小牙齒，可愛極了。她把孫兒平放在大腿上，用手指點著他的小嘴巴，淘淘然的說：

「小偉偉呵，今天爸爸要回來了，你要高高興興呵……。」

夏中雲緊靠著太太，用手摸摸孫兒的額頭，也恬然的漫應著：

「偉偉當然高興哪，你看奶奶買了好多菜回來，要燒給小偉吃呵……。」

「當然燒給偉偉吃呵，奶奶今天買了菜、買了蹄膀，要燒給偉偉吃，也燒給爺爺吃……。」

「謝謝奶奶，小偉偉趕快謝謝奶奶……。」

「不客氣，只要小偉偉不生病，奶奶天天都燒好多菜給你們吃……。」

「偉偉趕快說以後不生病了，以後再也不生病了，請奶奶放心了……。」

「……。」

「……。」

老夫婦倆一唱一和，心曠神怡。

一整天，夏家老夫婦的心情都非常好。

快到黃昏的時候，兒媳回來了，老夫婦倆都有如釋重負的感覺，臉上綻開了寬慰的笑容。

史蘭瑛一進門就找兒子：

「偉偉，小偉偉，媽媽回來嘍！」

她忘了先向父母打個招呼，就心急的直奔到小床前，伸手就去抱。

夏維川提著手提包跟在太太後頭，眼睛也在找兒子。

丁怡安趕緊走過去擋著媳婦，輕聲的說：

「他剛吃過藥，讓他睡一會，等會再抱他，你們先去洗把臉，休息一會，我去弄晚飯，我今天買到草魚，還有……。」

她愉快的望著媳婦，沒想到媳婦一聽到兒子吃藥，面色驟變，緊張的問：

「你說什麼吃藥？偉偉病了嗎？」

夏維川也慌忙走過去盯著兒子，訝然的問：

「偉偉病了？生什麼病？要不要緊？」

兒媳回來，丁怡安幾日來的憂慮已去，她沒有留意兒媳的表情語氣，迫不及待的想把這幾天發生的事情向兒媳傾吐，於是坦然的帶著笑容說：

「醫生說是流行性感冒，但燒一直不退，可把我們急壞了，天天抱他到醫院看醫生、打針、吃藥，現在燒已經退了，只是還有點咳嗽，醫生說再吃兩天藥就會好的……。」

丁怡安話未說完，她媳婦已經不顧一切的抱起偉偉，把他摟得緊緊的，嘴裡喃喃的說著：

「我的小寶貝，我的小心肝，我可憐的小偉偉，你怎麼病了呢？都怪媽媽不好，媽媽不在你身邊，沒有辦法照顧你，害你生病，害你受罪，媽媽對不起你……。」史蘭瑛夢囈般說著，忽然瞪著婆婆，神情嚴肅緊張，聲音激動：

「偉偉怎麼會生病的？一定是你帶他出去玩被人家傳染了，我已經說過這麼小的孩子不要隨便帶他出去，到處都是病菌，難怪會傳染……。」

丁怡安看見媳婦說話的神情，愣住了。

史蘭瑛方寸已亂，沒有理會大家對她的注意，繼續說：

「他病了你怎麼不打個電話告訴我們？讓我們好早點回來看他，要看什麼醫生也該和我們商量一下，由我們來決定才對，怎麼可以隨便帶他去看醫生呢？」

一連串突來的埋怨，丁怡安為之語塞，胸口像被什麼戳了一下。看見媳婦一臉的惶恐，也說不出什麼話來。

史蘭瑛憂心如焚，把兒子翻來覆去的審視，睡得好好的孩子被弄醒，哇的一聲哭起來，她心裡更焦急，指著那個手提袋對著丈夫大叫：

「快，快把那個包包打開，把那隻小狗熊拿出來給他玩，快！」

夏維川受妻子緊張影響，有點手足無措，他奉命似的打開手提袋，東西多，摸不到，急得他索性把袋裡的東西統統倒出來，東西堆滿一桌，都是孩子的東西。他忙亂的拿起那隻小狗熊，像找到寶貝似的，急忙蹲在妻子面前，笑著逗兒子：

「小偉偉，你看，小狗熊，不會咬你的小狗熊，你摸摸看，好好玩唷！」

孩子還不會聽說話，加上是被吵醒的，火氣大，把肚子挺得高高的，哭得更厲害。史蘭瑛慌忙抱他站起來，在房裡急步走來走去，焦急得不知如何是好。

她絕沒有想到自己幾句無心的話，會傷公公婆婆的心。

剛剛還有說有笑的丁怡安，現在又回到兩天前的心境，而且情形更壞，因為傷心比憂心更令她難以接受。她不想再說話，愴然的噙著淚，掉頭走開了。

原本也想跟兒媳訴訴苦的夏中雲，默默的看到這一切，心裡十分氣忿，尤其看見桌上那一大堆東西，每次回來都買那麼一大堆，吃的玩的穿的，全是孩子的東西，孩子根本吃不完玩不完更穿不完，但？

都是孩子的東西……

全是孩子的東西……

統統都是孩子的東西……

夏中雲心裡嘀咕著，看見兒媳全神貫注在孩子身上，根本沒有理會母親傷心地出去了。他既氣憤又落寞，既傷心又失望，不住的搖頭吞氣，再看看兒子，一副沒出息，唯妻之命是從的神態，好想訓他幾句；罵他一頓，只是現在不是時候，大家都心亂，還是去看看太太要緊。

他把已經頂上喉嚨的怒火又嚥回去，頹然的走向廚房，卻瞥見太太低頭在擦眼淚，心裡感慨更多。傷心中的人，不宜和她多說話，讓她獨自冷靜一下也好。他茫然的踱向院子。

這幾年，夏中雲對兒子成見已深，由兒子決定在臺北結婚開始，他就事事不順心。以前，他和妻子都以為兒子結婚後會和他們住在一起，但是兒子不願在臺中工作，說是臺北地方大，朋友多，比較有發展。這簡直是無稽之談，純粹是找藉口罷了。兒子在臺北結的婚，他順從太太的意思，幾乎把全部的積蓄給兒子作為買房子之用。如果當時兒子肯聽他的話，不買那麼好的地段，不買那麼大的坪數，那些錢是可以夠的。

他夫婦倆都曾勸兒子先買一間住著，等將來存有足夠的錢，再換大點的、好點的也不遲。偏偏兒子不聽話，他說等錢存夠才買，一輩子也別想買到好房子。他為什麼不想想，我們給他那筆錢，就是我們的積蓄，怎麼能說一輩子也買不到房子呢？兒子還理直氣壯的說，既然可以貸款，為什麼不先享受？反正錢是會貶值的，五年、十年，慢慢還，總有還清的一天。他這種不自量力的作法，只有自尋煩惱，要還多少年才能還清債務？他夫婦一生沒有欠過別人一分錢，想不到兒子為了買房子，為了滿足自己的享受，卻欠下一大筆債務來，還認為是理所當然，一點都不在乎。

兒子還說房子買大點是為了將來他兩老搬去一塊住。他怎麼能搬去住？那種鴿舍式的建築，頭上沒有自己的屋頂，腳下沒有自己的土地，等於是懸在空中，窗户少，光線不足，空氣不流通，白天要用日光燈，熱一點就要開冷氣，買包香菸也要上下四層樓，他不明白兒子怎麼會那麼膚淺看上這種房子？還要為它負一大筆債務，住得多彆扭？他這間公家配住的房子，建築雖已老舊，但有寬敞的院子，種了二三十年的花樹，早已建立深厚的感情，還有幾十年情逾親人的鄰居，熟習的環境中物質精神都豐足。他和太太兩人，生活簡單安樂，他早已決定，有生之年，除非回老家，他不想離開這裡。

所以，在孫兒滿月的時候，他還是堅持不同意太太的想法，搬到兒子處住。他瞭解自己的個性，很難改變對事物的看法。要他去遷就環境，尤其是遷就自己的兒媳，辦不到。幾個搬離眷舍到臺北去享福的老鄰居，結果都是鬱鬱以終。人老了，要勉強自己去遷就環境是很痛苦的事。兒子無奈何，才提出把孩子留下來給他們帶。當初他之所以會答應這件事，一半是為解決兒子的問題，一半是為安太太的心，同時也想在自己晚年享受含飴弄孫的樂趣，所以才毅然挑起這副重擔。

沒料到帶了之後，才發現沒有想像中那麼輕鬆簡單，除了要勉強自己適應生活上的改變，還要忍受兒子的冷漠、媳婦的指責，實在有點不甘心。雖然他對兒媳一向沒有奢求，但也不是完全沒有需求，譬如兒媳每次回來，大包小包的都是買給孫兒的東西——各種補藥，各種各類船來洗潔用品等等，都是不必要的東西，兒媳都捨得買，但卻從不曾帶過一些吃的用的回來孝敬父母，那怕是一塊糕、一包花生米也好。這點，他感到十分不滿。雖然每次想到這些事情他都會感到臉紅，偏偏在心靈深處又不能釋然。明知自己絕對不是嫉妒孫兒，和孫兒爭寵，心裡就是不舒坦。好在，他從不曾把這些心事告訴過太太，沒有增加她的困擾。他瞭解太太的個性，絕對不會計較這些小事情。可是，現在兒媳已經直接刺傷她了，態度語氣實在叫人難以忍受，難怪太太傷心了……。

他越想越心寒，這樣下去不是辦法，孫兒會長大，以後不協調的事會更多。兒媳並沒有讓他們全權處理孫兒的問題，與其將來惹起更多的不愉快，不如趁早把孫兒交還他們，否則與孫兒的感情越陷越深，以後再分開就更困難了。但是，帶了這麼多個月，已經帶出感情了。孫兒也實在可愛。三個月大的時候就懂得認人，也會辨別聲音。

而維川小的時候，他為了工作，連想多看一眼的時間都沒有，現在能抱他的兒子，心中自是另一番感受，也算是一種補償吧。如果把孫兒還給他們，莫說太太不會同意，自己又何嘗捨得？這種牽腸掛肚的感情，要分開？困難、困難！孫兒已經成為他們的生活中心，如何能分……？

夏中雲的心情陷入極度的矛盾中，他愣愣的對著一院的靜寂出神，一陣季候風吹來，飄下幾片落葉，葉片掉在蘭花盆裡，他伸手把它撿出來，順手又去清理蘭葉上的小蟲點。這盆掛在桂花樹下打露水的蘭花，這幾天孫兒生病，沒有心情理它，忘了掛回花棚，幾天下來，已經長上點點小白蟲。他嘆了口氣，心中無限感慨。任何事物，都需要細心照顧，才會有所收穫，萬物如此，人何嘗不如此？但是，我們這麼費心費神的照顧小偉偉，會有收穫嗎？會有代價嗎……？他越想越遠，不知不覺，天色已經黯淡下來，想到該吃飯了。蹲得太久，費了一會功夫才站起來，邁著酸酸痲痲的腳步回到飯廳。

飯菜已經擺在桌上，丁怡安一個人獨自坐在桌前，像尊菩薩，神情戚然！

夏中雲心裡一陣抽搐，兒媳的無禮也不是今天才如此。她一向豁達，從不和他們計較，今天為什麼忽然認真起來？莫非是這幾天過得驚恐憂慮，精神負擔過重，一旦鬆懈下來，反而崩潰了？他怕更添她傷感，裝著若無其事的用手捻了條肉絲放在嘴裡，故意嚼得很大聲，笑著問她：

「這麼快就做好？我還想來幫幫忙呢？你為什麼不叫我一聲？」

「……。」

「他們呢？怎麼不見人？」

「……。」

夏中雲坐下來拿起筷子，對著兒媳的房間大喊一聲：

「吃飯啦！」

夏維川在房裡早已給太太差遣得頭昏眼花，肚子早已餓了，正感不耐煩，聽到叫吃飯，精神一振，匆匆跑出來，端起飯碗就扒，飯剛進口又放下來，拿起另一碗飯，夾了點菜送到房裡。

夏中雲看著兒子的舉動，心裡很不高興，一個星期才有一頓飯一家人圍著吃，應該出來一塊吃的，做好飯還要端進房裡吃，太過分，太不懂規矩了。他瞥太太一眼，不知道她心裡想著些什麼？

夏維川把飯放在太太身旁，又匆匆跑出來端起飯碗就吃，他已餓極，當他狼吞虎嚥的吃完一碗飯的時候，才發現氣氛不對勁，每次回來，父母都會滔滔不絕的訴説著一星期來孫兒的各種趣事，兩人搶著説得津津有味。今天，怎麼突然不説話了？他抬頭疑惑的看看一反常態的母親，看見母親木然的端坐著，用筷子挑著飯粒往嘴裡送，這才發覺母親的臉色好難看，像一張發黃的舊報紙似的，他懵然的問母親：

「媽，你怎麼啦？你好像瘦了？有沒有那裡不舒服？」

丁怡安的心情原已脆弱，被兒子一問，心中酸楚，眼淚忍不住掉了下來。

夏維川一驚，迅速看看父親，父親的臉色一樣凝重，他從不曾見過父母這麼嚴肅過，莫非發生了什麼事情？心裡更驚慌。

「媽，出了什麼事情？是不是小偉偉的病……？」

開口就是兒子，夏中雲的火氣剎那上升：

「問題不在小偉偉。」

問題不在偉偉，那麼？他再注視母親，母親的臉色更難看，他心裡驚恐起來：

「媽，是不是你生病了？你那裡不舒服？要不要緊？」

兒子一再追問，丁怡安心裡更苦楚，她強自振作，不願兒子知道她內心的淒酸，她盡量保持鎮定，偏偏自己不爭氣，情緒不聽指揮，她喉嚨已梗塞，無法開口，只好低下頭來搖一下。

夏中雲看著妻子的神情，心裡十分激動，既然兒子已經看出端倪，乾脆開門見山，趁機攤牌。反正問題已經發生了，遲早都要解決的，他毫不考慮：

「你媽媽的確是病了，不適宜再帶孩子，你們還是帶回去自己負責吧！」

夏維川全身一震，驚視著父母，愕然得說不出話來。

丁怡安更是晴天霹靂，她怎麼也想不到丈夫會遽然說出這種話，頹喪的心境一下給震撼了，她怒視著丈夫，聲音顫抖得近乎咆哮：

「你這是什麼話？誰說我病了？」

夏中雲自知不該這樣說，但話已出口，只好堅持到底：

「兒子都看出你病了，你還隱瞞什麼？」

事情來得太突然，太荒謬，丁怡安由頹喪委靡一下變為氣憤，精神反而好起來，聲音也響亮了，她坐直腰，瞪著眼，筷子指著丈夫：

「我看你真是越老越糊塗，怎麼好端端的要咒我生病？家裡有個生病的還不夠心煩？誰說我不能帶孩子？我為什麼不能帶孩子？你說？你說？」

結婚幾十年，丁怡安從來沒有用過這種口氣、這種態度對丈夫說話，這次她是真的生氣了，她有一肚子的怨氣，只是她不忍責備兒媳，所以把氣都出在丈夫身上。

夏中雲完全瞭解妻子的心境，他不願她難過，所以說話時都有保留。

他認為有些事說穿了反而不好，所以，他沒有說出心裡不滿的原因，就作了斷然的處置，太太自然不會諒解他。剛才他話一出口就覺得語氣太硬，於是又溫言的對太太說：

「我這樣決定完全是為了你，你想想那天晚上突如其來的情形，把你嚇得多厲害？我真為你擔心，如果再有類似情形，我想你沒有能力再應付。所以說，我們真的不能再帶小偉偉了。」

夏中雲故意提起那晚的事，主要是希望太太有所警惕，而且也有讓兒媳知道的必要。

偉偉生病那天，半夜裡忽然有抽筋現象，當他被太太叫醒的時候，太太已經嚇得面無人色，他急忙把隔壁陳太太找來，馬上送到醫院急診，孩子很快就正常過來，但是他太太已經因為驚恐過度，整個人癱瘓在椅子上，連抱孩子的力氣都沒有，只會流淚，像那種情形，的確是不適宜再帶孩子了。

丁怡安聽丈夫提起那晚的事，想到孫兒身體僵硬的情形，心有餘悸。

她狠狠的瞪丈夫一眼，怪他不該多嘴，因為丈夫曾答應她不告訴兒媳，免得兒媳擔憂的。她不安的看看兒子，兒子驚愕得像個白癡，愣愣的不知在想什麼。她熟識兒子的表情，兒子的心事一向掛在臉上，一眼就可以看得出來。兒子太老實，太忠厚，她不忍心看兒子那副憂慮的神態，這種事與兒子無關，怎能讓兒子受委屈？她擔心兒子追問那晚的情形，她不希望兒子再為已經過去的事情憂心。於是目不轉睛的盯著兒子，心裡在想著對策。

夏中雲的想法正好相反，他就是希望兒子追問那天晚上的情形，他才好告訴他，讓他們知道，帶個孩子是怎麼個不容易……。

夫婦倆都在等著兒子的反應！

夏維川的確是被父親的話震呆了，他從未這麼驚憂過，母親不能帶兒子了，這叫他如何是好？雖然他也曾經想過把兒子接回去，但不是現在，現在根本不可能。這兩天，突如其來的煩惱太多。原本今天下午可以好好輕鬆大玩一次的牌局被莫名其妙的史蘭瑛攪掉，已經一肚子不高興，一回來又聽到兒子生病，現在父親又說不能再帶偉偉，一連串的事故，轟得他頭脹欲裂。他一心只想到要把父母不能再帶孩子的事告訴妻子，讓她去處理，所以對父母的談話，他根本沒有聽進去，也忘了追問母親生病的情形，神思恍惚的放下飯碗，逕自回房裡去。

丁怡安看著兒子默然不語的走開，心中十分不安，於是又遷怒丈夫：

「叫你不要提起你偏不聽，你看，把維川嚇跑了，那天完全是因為我久不帶孩子，心裡沒有準備，才著了慌，其實根本就沒有問題，如果我當時想得起用驅風油擦他的腳板底，就不必半夜三更去看醫生。帶孩子難免會碰到這種情形，我自信以後一定有辦法應付，不用你操心，以後你少管我的閒事。」

兒子無禮的走開，太太又無緣無故的埋怨他一番，夏中雲心裡十分嘔氣，站起來又去斟一杯五加皮，把那盤只動了一下的清蒸魚拖到面前，大口大口的吃著，冷了的蒸魚，吃在嘴裡，完全不是那個味道，白白糟蹋了老婆一番精神心力，實在可惜。他一個人獨享一盤魚，卻是越吃越火大，端起酒杯，把原該分兩口的酒一口乾掉，好像能把一切不順心乾掉，同時也作為今天一切不滿意的抗議。

夏維川茫然的回到房裡，看見妻子抱著熟睡的兒子出神，那碗飯還擺在那裡沒有動，他心事重重的走到她身旁，希望她能馬上解決問題。他沒有問妻子為什麼不吃飯，只皺著眉頭坐在她身旁：

「他睡著了你就該放下他，還抱著幹什麼？」

史蘭瑛抬起頭，一臉戚容：

「你看你媽媽是怎麼帶孩子的？才一星期不見，你看他瘦成什麼樣子？」

夏維川有心事，眉頭皺得更緊：

「這怎麼能怪媽媽，孩子要生病有什麼辦法？」

「你就只會說沒有辦法，你以前不是說過你媽媽頂會帶孩子的嗎？」

「會帶孩子也不能保證孩子不生病呀？你這個人說話就是這麼不講理。」兒子不在身邊，史蘭瑛大部時間都在思念中，難怪看見兒子生病會那麼心痛。她泫然欲泣的輕拍著兒子：

「都是你，一定要把偉偉留下來，病了那麼久我們一點都不知道，可憐的偉偉，我們實在該死！」

史蘭瑛越說越傷心，知道丈夫在身邊，乾脆哭起來。

夏維川想著父親的說話，想起母親的病容，心中忐忑不安，妻子一哭，更覺心煩意亂：

「偉偉都病好了，你還說那麼多廢話做什麼？」

丈夫不但不安慰她，還罵她說廢話，史蘭瑛由傷心變成氣憤，又高聲吼起來：

「我說的是廢話？偉偉瘦成這個樣子，你還說他病好了？你這個沒心肝的人，我看你一點都不心痛，虧你還是他的爸爸。」

夏維川就怕和她扯道理，永遠扯不清楚。父親的話一直在敲他的腦袋：

「你媽媽的確是病了，不適宜再帶孩子，你們自己帶回去負責吧！」

自己負責？自己負責？自己怎麼個負責呢？

問題來得太突然，叫人措手不及。他看著愁眉苦臉的妻子，也不忍心再罵她，於是喃喃像是自言自語：

「你只知道怪我、罵我，你知不知道已經發生嚴重的問題了，你看怎麼解決，怎麼處理吧！」

史蘭瑛沒有聽出他的說話，他看妻子沒有反應，只顧盯著兒子出神，才又提高了聲音：

「有件事你必須注意仔細聽著，冷靜的想一想，該怎麼辦？媽媽病了，爸爸剛才說她已不能再帶孩子，要我們自己負責，你說怎麼辦？」

這下輪到史蘭瑛震撼了，她愕然的抬起頭，睜著一雙紅腫的大眼睛，訝然的盯著丈夫：

「你說什麼？」

「我說媽媽病了，不能再給我們帶小偉偉了。」

「誰說她病了？剛才她還在這裡吩咐事情，還是好好的，怎麼忽然說病了？我不相信。」

夏維川想起母親的病容，對妻子的說話態度很不滿意：

「不相信也得相信，不信你自己去看看，你光知道偉偉瘦了，你有沒有看到媽媽也瘦了？」

夏維川語氣帶著激動，史蘭瑛這才感到事態嚴重，剛才婆婆來吩咐事情的時候，她連頭都沒有抬起來，更不要說看婆婆一眼，她的確不知道婆婆病了，疲了。那時候她正心煩，那裡會注意到別的事情？

史蘭瑛心裡有點歉疚，但是她全神貫注的，還是兒子的問題。婆婆不帶也好，她一直希望兒子能在身邊，但是現在太匆促，一切事情她都沒有準備好，總得回去先安排一下，才能接回去，最好是……。

史蘭瑛沉思了一會，忽然心思一轉，仰起頭來，帶點疑惑的問丈夫：

「你相信媽媽真的病了嗎？真的病到不能帶小偉偉了嗎？不會吧，莫非是因為她把小偉偉帶病了，不好意思，才故意放空氣說不帶的？」

乍一聽，夏維川心裡一動，妻子說的話有點道理。

繼而一想，不會的，母親那副難看的病容絕對不是裝出來的。父親剛才說話嚴肅的神情，令人震懾，母親到底有什麼病？剛才忘了問清楚，對了，剛才為什麼不問清楚呢？該死，剛才我是怎麼了？他心裡更加不安起來，站起來掉頭就走，他要問清楚母親究竟生什麼病，要不要緊，有沒有看醫生……。

夏維川走到房門口，被妻子叫住：

「你回來，你要去那裡？我的話你還沒有答覆呢？你是不是相信我的推測了……？」

夏維川回頭瞪她一眼，史蘭瑛以為自己猜對了，不覺帶點欣喜的繼續說下去：

「……這樣也好，是她自己提出來不帶的，這下你該沒有話說了吧？既然……。」

「住口，你再說我就對你不客氣了。」

無端被丈夫斥罵，史蘭瑛感到莫名其妙，心裡的委屈，再看看懷中的兒子，面容瘦削而蒼白，一陣心酸，忍不住又哭泣起來。

夏維川已心煩到極點，太太說話太無情，他不得不斥責她，看她又哭起來，懶得再費唇舌，掉頭走出去。

母親不在客廳，也不在廚房，房間裡有說話的聲音。這麼早就回房去，莫非？他心裡一顫，悄悄的在房門口站了一會，有父親在，他不敢進去，明天再問好了。他又悵然的踱回房裡。

史蘭瑛雖然傷心，看見丈夫匆匆出去，轉眼又垂頭喪氣的回來，心裡狐疑，忘了生氣，她急於想知道原因：

「你這麼急匆匆的出去幹什麼？」

夏維川心中焦慮，顯得煩躁，也不耐煩被盤問，裝著沒有聽見，倒頭躺在床上。

史蘭瑛最恨他這副德性，又火起來：

「你是聾子？啞巴？你憑什麼不理人？」

夏維川斜瞪她一眼，咬咬牙齒，重重的說：

「看媽媽去。」

「媽媽怎麼樣了？」

「睡了。」

「這麼早就睡？奇怪！」

「一點都不奇怪，病了，累病的。」

夏維川忽然維護起母親來，這是從未有過的事情，可惜他的父親沒有聽到，否則情形會改觀。

史蘭瑛不滿丈夫的態度，馬上頂回去：

「你媽媽生病你這麼兇做什麼？又不是我把你媽弄病的？莫名其妙。」

夏維川心裡已很不安，有點自責似的自言自語般：

「起碼也是因為我們而累病的，當初是我請媽媽幫我們帶偉偉的，我對媽說如果她肯幫我們帶偉偉，我們一切的難題都解決了……。」

史蘭瑛想了一下，不以為然的哼了一聲：

「其實，一切問題都是他們惹出來的，當初是因為你爸爸還要上班，不搬來住還有理由，現在退休了，又不再出去工作，還有什麼好顧慮的？

如果他們願意搬來和我們一塊住，那才是真正解決問題。我們不必每星期往這裡跑，晚上我可以自己帶孩子，你媽就不會累，我也可以看得到兒子，這不是兩全其美嗎？偏偏他們不肯，現在病了又要怪我們，把偉偉帶成這個樣子，我不怪他們已經夠好了。」

妻子的說話不無道理，夏維川若有所思，疑惑起來：

「是不是累病的也不知道，不過小偉偉病了，媽媽也病了，這叫人不安心。不過，如果光是累病，爸爸的臉色不會那麼凝重，所以，我懷疑媽媽的病一定不輕，你如果看見剛才爸爸說話的神態就會相信我的話了。」

史蘭瑛沒有被丈夫的話嚇倒，她的腦筋轉得快，馬上就想出主意來，她輕描淡寫的提出驚人的辦法：

「你先別鑽牛角尖，你聽我說，不會那麼嚴重的。我想，這樣好了，現在我們抱偉偉回去也不是辦法，一時找不到合適的人帶，所以，最好你媽媽明天跟我們一塊回臺北，這樣問題不就解決了嗎？」

妻子說得太天真了，夏維川霍然坐起，怒目瞪著她：

得出口。」

「你說什麼？媽媽已經累病了，你還好意思叫她去臺北操勞，虧你說

史蘭瑛根本沒有看他，越想越開心，胸有成竹的笑了一聲：

「你放心，我一點也不要她操勞，早上我把事情做好再去上班，中午我不帶便當，儘可能趕回來一趟，停留十分鐘也好，晚上就更不用她操心了，一切我包辦，你媽只要在我上班的時候看看小偉偉就好，我保證一定不讓你媽勞累，可以了吧？」

夏維川又跌入沉思中，他也認為這樣安排最好，有媽媽在，她多少也會有所顧忌，不敢亂發他脾氣，有小偉偉在她身旁，有得她忙，她也就沒有閒功夫來煩他，那……？

史蘭瑛看著丈夫不說話，怕他變卦，緊盯著他：

「你趕快去跟她商量，就這麼決定好了。」

夏維川由遐思中回來，冷冷的笑一聲：

「你倒說得輕鬆簡單，要知道，問題不在媽媽，爸爸不同意一切免談。

爸爸是絕對不會同意的，你心裡也該明白這一點，再說，爸爸的生活怎麼辦？這個家誰管？」

史蘭瑛沒有想得那麼遠，她完全是站在自己立場說話，這下可把她難倒了，眉頭深鎖的想了一會，忽然，她又計上心頭：

「這也不難，我知道要她一下搬來也不容易，爸爸那一關誰對付，你先說帶你媽媽去臺北檢查，去臺北休養幾日，起碼讓我們有時間找人帶孩子，到時候她捨不得孫兒，自然會留下來。你爸爸不同意又奈何？沒有人陪他，沒有人做飯給他吃，還不是乖乖的搬來了。你們這所破房子，把它頂出去，那筆錢還可以把我們房子的貸款付清，以後我們就輕鬆了，這不是兩全其美皆大歡喜的事嗎？」

夏維川怎麼也想不到太太會說出這種處心積慮的話，驚愕的直搖頭：

「難為你想得出來，也難為你說得出口，你別枉費心機了，無論如何他們都不會搬去臺北的，爸爸的脾氣……。」

丈夫不讚賞她的計畫，史蘭瑛有點悻悻然，她盡量耐著性子，仍然催迫著他：

「我想只要你說帶媽媽到臺北看病，做一次徹底的檢查，你說臺北醫院大、醫生多，我敢打賭爸爸沒有理由好反對。」

這下夏維川算是比較滿意，他用懷疑的眼光看著妻子，對她心中所想的事非常擔憂。不過目前也只有這個理由說得過去，只要母親明天能和他們一塊去臺北，相信問題是可以解決的。想到母親的病容，他倒是真心誠意想帶母親去檢查一下。

在飯桌食不知味的丁怡安，看見兒子一句話也不說就走開了，心裡非常不安，勉強用湯泡了半碗飯吞下去，收拾好飯桌，心神不寧的坐在客廳裡繼續等兒子，她有好多話要對兒子說，最重要是告訴兒子不必擔心父親說的話，她會繼續帶偉偉的……。

左等右等兒子都不出來，她又不甘願進到兒子房間，她不想看媳婦的面色、不想聽媳婦的抱怨……。

幾日來的辛勞驚恐沒有傾吐的機會，媳婦傷她的心，丈夫無端取鬧，一連串刺激她的事情，她越想越不是滋味，一陣蒼涼潛上心頭，無可奈何的嘆口氣戚然的回到房裡。

夏中雲本來約好晚飯後去看個朋友，自從有了孫兒，他都是利用平常晚飯後或星期日兒媳在家的時候，出去看朋友或辦點事情，有時和太太去，有時自己去，除非不得已，平時他是那裡都不去的，除了晨間運動，他都是在家裡陪著太太和孫兒，享受那有孫萬事足，無官一身輕的人生境界。今天發生了不愉快的事情，他看見妻子鬱鬱不樂的回房裡，不放心，只好不去了。他幫忙把廚房各處收拾乾淨，把一天的工作料理停當，輕輕的推開房門，房裡一片漆黑，他按亮燈，看見妻子靠在椅子上出神。他對剛才的事感到抱歉。贖罪般的把保溫杯遞給太太，太太沒有接，他只好自己喝一口，故意哈一聲，想引她注意，沒有反應，他把茶杯小心的放在她身旁，陪著笑臉坐下來：

「我以為你睡了？怎不開燈？」

「……。」

「你不看連續劇？快來啦！」

「……。」

夏中雲看太太不理他，故意把椅子拉前點，小聲的問：

「有沒有那裡不舒服？要不要我去拿一粒……？」

「你少嘻皮笑臉，我今天沒有心情跟你開玩笑。」

「何必那麼認真呢？我以後不開玩笑就是啦！」

太太果然心動，側過頭來瞪著他：

「玩笑，你說你是開玩笑？」

「是呀，我看他們惹你生氣，我才想到要教訓他們，如果不給他們一點顏色瞧瞧，他們以後一定更加目無尊長，我們就更有得受了。」

丁怡安維護兒子，也不願心事被猜中，故作不解狀：

「惹我生氣？誰惹我生氣？除了你這個老糊塗，誰會惹我生氣？你少自作聰明，亂下斷語。」

夏中雲看她說話的神態，忍不住笑了起來：

「好啦，太太，幾十年夫妻了，難道我看不出來？」

「看出什麼？」

夏中雲了解她的脾氣，一向是嘴硬心軟，不忍心捉弄她，於是改變話題：

「我看出你今晚沒有吃飽，可以了吧？我去給你做碗飯，等你精神好點，我們再談，好嗎？」

「我不餓，也不想談，既然你是開玩笑，那就算了，等會我去跟川兒說清楚，免得他一晚睡不著。」

丁怡安已安心，情緒也穩定下來，她把茶端起來喝一口，瞥丈夫一眼，站起來打算出去，她急於要安慰兒子，也想去看看孫兒，忘了剛才對媳婦的不滿。

夏中雲看出她的心事，忙捉住她的手肘，按她坐下：

「你先別急，再坐一會，我還有事情和你商量。」

丁怡安又愕然起來，不知道他要商量什麼？

夏中雲吞吞吐吐，也不知道從何說起，兩人相對著。

丁怡安從他的眼神裡，知道又有問題了，心裡一陣緊張，急促的問：

「商量什麼？快說。」

「我是說，我是說雖然剛才我是開玩笑，但是我還是希望你冷靜的想一想，我們真的不能再帶偉偉了……。」

「什麼？你這個出爾反爾的老滑頭，你到底想怎麼樣？有話你就儘管說出來好了，反正你說什麼我都不會聽，你儘管說好了。」

丁怡安氣得坐直腰、繃著臉，呼吸急促得連夏中雲都聽得見。

夏中雲非常不安，知道她的精神已負擔過重，不宜再生氣，但問題總得要解決，否則……？他捏捏她的手，溫婉的看著她：

「莫生氣，莫生氣，你只要聽我把話說清楚，一切由你決定，好嗎？」

「說吧！」

「你這麼激動我怎麼說呢？說了你也聽不進去，還是等於白說。你先喝口茶，順順氣，等你火氣降下去我再說，我保證絕不勉強你，一切你自己決定，好嗎？」

丁怡安無話可說，漸漸的平靜下來，她瞥見丈夫臉帶憂愁，不覺長嘆了口氣：

「我們為什麼不能帶偉偉？我看你平時也挺喜歡他的，沒想到他病一場，你就這麼絕情，不敢再帶他，你這麼不負責任，怕惹麻煩，那像個做爺爺的人，倒叫人心寒了。」

夏中雲心裡一慄，沒料到太太會說出這種反乎常情的話，這種思想太可怕，馬上制止她：

「你先答覆我一個問題，我再告訴你原因。」

丁怡安困惑的盯著丈夫：

「什麼問題？」

「我知道你本來不是生我的氣的，忽然轉向我了，你原來生氣的原因是什麼？」

乍一聽，丁怡安有點莫名其妙，想了很久才悟出來，心事被猜中，有點靦腆。

夏中雲瞧著她的表情，她的眼神已答覆一切了，於是繼續迫她：

「我知道你是一個明理的人，你現在該知道我為什麼有這種決定了？你要了解我的心意，我們才好商量……。」

夏中雲小心翼翼的一邊說一邊盯著太太，注意她的表情轉變，看她平靜的聽著，心才稍安：

「……我當然知道偉偉生病不是問題，你的辛苦勞累也不是問題，我們都可以應付，唯獨他們的思想，他們那種做人的方式大有問題……。」

夏中雲說到這裡，停下來，他看見太太一臉的驚訝的瞪著他，停了一會看她沒有說話的意思，又說下去：

「……他們只知道有權利，有要我們做任何事情的權利，有享受家中任何東西的權利，甚至有一點小小的不滿意，也有指責我們的權利。但是他們沒有義務，沒有照顧我們的義務，沒有關懷我們的義務，連對我們表示一點感謝的義務都沒有，你說，我們這樣下去，是否值得？是否有繼續下去的必要？」

夏中雲雖然心裡沉重，但說得非常冷靜，因為他是思慮過才說的。

丁怡安則不然，無論如何她也不會想到這上頭來，她實在無法相信自己的耳朵，她像遇到突襲般的震慄，迷惑的直搖頭：

「你今天是怎麼搞的？是什麼鬼迷心竅？計算起自己的兒子來了？當初他們也曾邀請我們搬去住的！是你堅持不肯去，怎麼現在又說得那麼難聽？」

夏中雲不想和她把話題扯得太遠，想起他們的房子心中就有氣。如果真心接我們去住，就該凡事徵求我們的意見，起碼也要聽聽我們的意見。一切都依他們，凡事都聽他們，買那種難得見天日的房子，簡直是存心要我們好受。我們搬去做什麼……？他沒有把話說出來，他不想節外生枝，只是心中有疙瘩而已。

「你明知我不會計算他們，是你自己硬把話說得那麼難聽。我只講道理，我再問你，他們為什麼惹你生氣？」

丁怡安不願面對事實，心裡也是無限感慨。兒子是變了，尤其是最近，每次回來都很少說話，不是睡覺，就是看報，好像有什麼心事似的。一定是媳婦太厲害，他才……，想到媳婦，一顆心直往下沉，她怕丈夫窺出她的心事，慨然的嘆口氣：

「和自己的兒子扯那麼清楚做什麼？他們是我們的兒媳，當然有權利。我們是他們的父母，當然有義務，這是天經地義的事，有什麼好說的？至於兒女惹父母生氣，你去打聽一下，家家都差不多，天下難有盡如心意的兒女，各人有各人的想法，看開了，也就算了。我不會真生氣的，過了就好，你放心。」

「一而再的事情，過了還會再來，叫我怎能放心？」

「為了偉偉，我什麼都不會計較，你的確可以放心。明天早上我陪你去晨運，回來就什麼事情都沒有了，夜了，你去睡吧，我還要到外面看看。」

「睡？我們今晚不把話說清楚，怎睡得著？」

「你還要說什麼？」

夏中雲最不滿意她這種姑息的想法，明知有問題也不求解決，得過且過，讓自己一直委屈下去。他認為時代不同，不必再效百忍堂那種消極的方法，使大家痛苦。與其委曲求全，不如凡事順其自然，合則聚，不合則分，不必勉強才好……。他一面看著兩眼失神的太太，一邊想著用什麼話才能勸醒太太？

「還是偉偉的問題，我認為我們愛他，帶他，是出乎情，他們對我們的態度也應該合乎禮才對，這樣才有意思……。」

丁怡安已疲倦，她認為這種事再說也說不出個所以然來。她隱約聽到孫兒哭聲，想出去看看，對丈夫的嘮叨有點不耐煩：

「我懶得聽你咬文嚼字，那些芝麻綠豆雞毛蒜皮的事情，你怎麼老掛在嘴上……。」

「影響到情緒，威脅到生活的事情，就不能以芝麻綠豆視之，我看你時常給他們氣得悶悶不樂，我心裡就有氣。既然他們自以為是，什麼都是專家說的、醫生說的、書上說的，那麼，就讓他們照著書上說的去帶孩子好了，反正他們不信任你，不會聽你的，你又何必和他們爭論？多說無益，你再說他們也是把它當耳邊風，你想想我說的對不對？有沒有道理？」

丈夫說出了事實，丁怡安的情緒果然激動起來，她想起媳婦的固執就生氣，單單是孩子睡覺的問題就把她氣得半死，那有要孩子趴著睡的？那樣睡得多辛苦？偏偏兒子支持她的論調，她還能說什麼呢？好在一星期才回來一趟，忍著點也就過去了，沒有什麼大不了的，不必那麼慎重其事……。她看丈夫一臉嚴肅，反而安慰他：

「算了，犯不上和他們一般見識，含飴弄孫不是我們一直盼望的人生境界嗎？現在享受到了，你反而拉長臉，何苦來哉？人要知足才好。你看看我們朋友中，有幾個有我們福氣的？不是鰥寡孤獨，就是子女都在國外，要不然就是病痛纏身。我們兩人能夠健健康康，又有個乖巧孫兒陪伴，該偷笑了。」

丁怡安滿足而豁達的胸懷，有點打動那個既固執又有成見的夏中雲。他忽然沉默起來，若有所思，隔了一會，才悠悠的嘆口氣，幽幽的看著妻子：

「你說得一點都不錯，可笑的是我們含的不是飴，而是一種會爆炸的糖錠，遲早會正面衝突，我真擔心有一天會弄得不可收拾。因為人的個性是很難改變的，已經知道會合不來，不如來個君子之交，把孫兒交回他們自己帶，反過來，我們有空去臺北看看他們，不是一樣嗎？有孫子就好，不一定要在身邊才是福氣呀？你說對不對？」

丁怡安不再說話，她默默的聽著，感觸很多，這麼單純的關係，這麼簡單的事情，為什麼要弄得這麼複雜？她帶川兒的時候，婆婆還健在，也幫著她帶孫兒，那時候生活不安定、日子很艱難，但卻過得很踏實，很和諧……。

想不通，想不通，她嘆口氣，閉上眼睛。

夏中雲知道她內心衝激很大，需要考慮與衡量，能用理智處理事情最好。他的心情有點開朗了，但還是想繼續提醒她：

「這件事我是分析過的，人生最難割捨的就是感情，我們一定要理智點才好。我看得出他們遲早會接偉偉回去，而我們也不可能搬去臺北和他們一塊住，像這種情形，還是趁早分開的好……。」

夏中雲停下來注視著太太，看她仍然閉著眼睛，他故意拉動一下椅子，輕聲問她：

「你睡著了嗎？」

「沒有。」

「你認為我說的對不對？」

「……。」

「這件事你也不必難過，時代變了，人的觀念也變了，從前伺奉父母陪伴父母是兒女的責任，沒有人想要搬出去只顧自己的。現在很多人對這種觀念都淡薄了，他們所想的，只是如何賺多點錢，讓妻兒生活得舒服快樂，那裡會想到父母的問題？他們認為父母不缺衣食，沒有什麼好耽憂的。誰去管老人家的心境？所以說，我們只有自求多福，不必再奢望什麼……。」

夏中雲說得連自己都傷感起來，他咳了一下，坐直身子，探手去拿太太身旁的茶杯，失去平衡，幾乎跌下去，把太太嚇了一跳。他慌忙站起來，故作輕鬆的對太太苦笑，喝幾口茶，才又坐回去，繼續向太太解釋：

「所以說，我們為這種事生氣、傷心，他們也不會知道，責怪他們也沒有用，他們根本不知道自己錯了，所以，還是省點神，聽我的話準沒錯。」

兩人又沉默起來，各懷心事，夏中雲不知道自己的說話也有點矛盾，他一心等待著太太的答覆，等了很久，才聽見太太長長的嘆口氣：

「這樣吧，這一個我已帶了那麼久，是捨不得分開了，第二個我不帶就是。」

夏中雲一聽，火冒三丈，霎時提高嗓門：

「說了半天我都白說了？你一點都沒有改變心意？」

「不是沒有改變心意，是時候還沒到，不必那麼急，你剛才說的話我會考慮的。再說他們目前也沒有能力帶偉偉回去，以後的事情誰也無法預測，所以，現在我們不必為他們會帶偉偉回去的事擔憂。」

「你真是死腦筋，你一定要被他們氣得血管破裂、心臟爆炸才死心是不是？你就不能主動的為自己打算？」

丁怡安看丈夫發那麼大的火，慌忙壓低聲音制止他：

「小聲點行不行？別讓川兒聽到了。」

夏中雲果然壓低了聲音，但仍然帶著怒容：

「不管怎麼說，我明天就告訴維川，說你心臟不好，需要靜養，要他們回去找佣人，讓他們自己操心去，他們只要少買點奢侈品，少買些不必要的東西，相信佣人還是請得起的。」

丈夫那麼固執，丁怡安心裡惶然不安，雖然她平常也很霸道，但還是順著丈夫的多。她體諒兒媳，寵愛孫兒，但又不願丈夫生氣，心情好矛盾……。

她泫然的站起來整理房間的衣服，心裡十分委屈，幽幽的對丈夫說：

「好吧，隨你的便，你愛怎麼就怎麼樣吧，剛才明明聽你說一切由我做主，現在又是由你做主了。反正總是你對，我還有什麼好說的。」

夏中雲看見妻子鬱鬱的神態，滿面愁容，心裡很不過意，但又不能完全依著她，她太感情用事。他輕輕走到她身旁小聲的對她耳語，好像怕給人聽到似的：

「廚房我已經清理好，早點睡吧，不要再胡思亂想了，他們自然有辦法解決問題的，早點睡，我們明天一早還要去晨運呢！」

「……。」

「明天我一醒就叫你，我也有好幾天沒有出去了，明天我們早一點去。」

夏中雲看看妻子不理他，也就不再惹她，她已經讓步了，只要他再堅持下去，問題就能解決。他也知道自己這樣做是有點自私，但他怎能不為自己打算？人老了，不管有錢沒錢，都是孤寂落寞的多。社會已經不再需要他，家就是他的全部，他必須整日都生活其中。有個安定舒適的家，讓他能自由自在無拘無束的安度餘年，他才能活得有意思。所以，他絕對不容許任何人任何事破壞他的生活。兒子不能、孫子也不能，他寧可不要兒孫繞膝，也不容許他們把這個家庭拆散，他下定決心。

丁怡安卻感到很茫然，不知道該怎麼辦才好？丈夫剛退休的時候，曾四處找工作，他說他健康情形非常好，不應過閒散的生活，經過幾次碰壁和工作的不能適應。結果，還是在家裡投閒置散。有一段時期，他心情很壞，似乎樣樣都不對勁，周身都是病。她提議搬到兒子處住，換換環境，他又不同意。無可奈何，她才提出充實生活的方法，早上起來，鎖上門，陪他一塊到附近公園作晨間運動，在那裡認識很多新朋友，眼界開了，思想的茅塞也開了。後來，又參加了一些活動，他的心情才好起來。每天午睡起來，鄰居會來聊聊天，偶爾也湊一桌摸個八圈，兩人都是坐不住的人，於是兩人輪流上陣，皆大歡喜。家庭房子大，人口少，所以都是在她家聚會的多。他們享受的不是打牌的樂趣，而是人多熱鬧的情趣。晚飯後看完電視睡覺，一切作息都有定時，生活也不覺得枯燥無聊。自從有了孫兒，生活更有意思，雖然不能每天陪他去作晨間活動，但每個星期天還是陪他去一趟，她還以為可以和丈夫牽著孫兒共度晚年，想不到會發生這種事情，叫她怎不傷心？

夫婦倆都心事重重，怡安更是睡不安枕。

第二天，夏中雲仍然準時醒來，他輕輕的推醒太太，帶著歉意的問她：「可以起來嗎？你如果昨夜睡不好，不想起來就算了。你多睡一會，我自己去。」

丁怡安無可奈何的坐起來，眼皮像有千斤重，她昨晚的確沒有睡好，整晚都好像聽到孫兒的哭聲。她不願被丈夫說中她沒睡好，雖然的確想再睡一會，還是強撐起來，穿好衣服，特別梳洗一番，不希望別人看出她的憔悴。一言不發的開了大門向外走去。

夏中雲沒有料到太太動作那麼快，趕緊追上去，兩人默然的向公園方向走。

沿路都有熟人打招呼，丁怡安不好意思再繃著臉，儘量裝得若無其事。只是，她實在太疲倦，兩隻腳好像在爛泥路上走，越來越沉重。她一向喜歡急走，丈夫曾勸她慢跑，她不贊成，她認為既然跑步，就必須要求快，不求快的跑步，何必要跑？尤其是她看見有些人跑步的姿態，低著頭，喘著氣，一步一點頭，讓人感覺像個疲於奔命的人，一副無可奈何的萎靡樣子，何苦呢？與其這麼勉強，何不抬頭挺胸快步走，反而更有朝氣、更見精神。前面來了一個慢跑者，正是她描述的模樣，她微微的搖搖頭。她不敢再笑人，今天她自己也走得好辛苦，怎麼都快不起來。夏中雲陪著她也越走越慢，好不容易才走到公園。

公園裡熟人更多，丁怡安不得不打起精神來，不遠處，她又看見那群做瑜伽術的人。往常，她總會故意彎過去見識見識，看看那些奇形怪狀的動作，有的穿著短褲，倒矗著，兩腿擺出各種姿勢，停在那裡，實不雅觀。她最不欣賞這種運動，尤其是女人家，在室內關起門做做也罷了，大庭廣眾之中，屁股朝天，成何體統？也不怕犯忌諱？她看一次罵一次，這種姿態，也能修道不成？她曾把自己的看法告訴丈夫，沒想到丈夫居然還說她大鄉里，老八股。真是時代變了，人的觀感也變了，變得莫名其妙……。今天她沒有心情管閒事，只遠遠的瞥一眼就走開，向自己熟識的朋友堆裡走，她急於要找個地方坐下來。晨友們幾日不見，表現得好親切，離得較遠的熟朋友也走過來和他們打招呼。

丁怡安一坐下來，心頭馬上升起一股暖流，她微昂著頭，吸一口清新涼爽的空氣，把孫兒生病帶給她的驚憂辛勞，和兒媳不順心積聚的鬱結，頃刻間都吐了出來。她微笑著和大家打招呼，心情好愉快。

夏中雲站著和大家說了幾句閒話，就向另一個人堆裡走去，他要去練太極拳。

休息了一會，丁怡安的精神已恢復過來，她眼睛跟著音樂方向游去，不遠處，一群人在跳土風舞，跳得好起勁。看看她們的年齡，丈夫一定未退休，孩子一定還在上學，只是她們命好，生得其時，不必提早起床急死人的去生爐火弄早餐，瓦斯打開火馬上冒出來，小火大火隨便調，有冰箱不必天天買菜，衣服丟進洗衣機連擰乾都不必的就可以拿去晾，真是方便極了，想想自己像她們那個年齡的家務事，誰還有閒情去跳土風舞……。

她微笑著收回四處亂竄的眼光，又和大家聊起來。

她們這一群人比較隨便，隨自己的興趣伸伸腿、扭扭腰、甩甩手，各人做自己的活動，沒有人帶頭做運動，所以都是聊天的多。七十幾歲的趙奶奶關懷的盯著她：

「……你老爺這幾天怎麼也不出來？我們大家都不安心，猜測也許是你家誰生病了？也許是你們去了臺北兒媳處？現在看到你面色欠佳，原來是你病了……。」

丁怡安滿懷感激的笑笑：

「是孫兒病了，沒想到會拖那麼久，可把他爺爺累慘了，托你老的福，總算平安無事了……。」

「如果你們今天再不來，我們就打算派代表到你家探聽原因，看看……。」

丁怡安心裡更溫暖，她發現在這裡認識的朋友，比那些深交幾十年，或有親戚關係的人更有人情味，她喜歡這種純淨的友誼……。

「我看你自己也差不多了，帶孫兒不容易呀，我是過來人，好在現在已不必再負責，他們統統到國外去了，我倒樂得清靜……。」

趙奶奶把樂得清靜四個字説得特別淒婉，大家都瞭解她的心境，為了免得又勾起她的傷感，忙用話岔開。

丁怡安聽到別人説她臉色難看，忙用手掌猛擦臉頰，希望擦出些血色來。好在剛才出來的時候已經先修飾過，否則會更難看。她瞥一眼神情落寞的趙奶奶，對她的境況深表同情，如果養兒育女的人都像她，人生就太過沒有意思了。想當初，她興致勃勃的帶孫兒，帶完一個又一個，想不到今天統統都不在身邊，落得個老來孤寂伶仃……。

想想趙奶奶，再想想自己，不禁又傷感起來。帶得好好的孫兒，一樣要分離。難怪何大嫂會説得那麼絕情：

「我統統都不帶，免得將來麻煩，我們做女人的，一生丈夫債，半世兒女奴，對老頭子無話説，照顧他是我的責任，兒女奴則工作已經完畢，我不會再找麻煩了……。」

看來有她的道理。但是也要放得開呀？這種切肉帶皮的事情，那能說甩就甩掉了……？

「喂？老太太？你怎麼啦？你入定了不成？你那裡不舒服呀？」

「這個星期三朱太太過生日，我們大伙中午請她飲茶，你能不能參加？」

「來嘛，叫你老爺看孫兒，我們好久都沒一塊聚聚了。」

丁怡安一怔，連忙把神思收回來：

「你說什麼？你剛才說什麼？」

方太太笑著又說了一遍，丁怡安才聽清楚，忙站起來朝朱太太一揖：

「先恭喜你了，我看看，能來我一定來……。」

「廢話，要想來還有什麼好推拖的，我看你呀……。」

「來嘛，莫找理由，一定來，老地方，說不定飲完茶再找些餘興節目，到時再……。」

丁怡安說的是真心話，能來一定來。問題是她能來嗎？家裡亂糟糟，心事亂糟糟，她怎能來？方太太說得不錯，她是很久沒有參加大家的聚會活動了……。

魚與熊掌，一向是無法兼得的。說不定以後又可以參加大家的活動了。她在心底淒然苦笑。

夏中雲練完拳，和幾個朋友朝她們這邊走來，邊走邊笑，個個面色紅潤，精神爽朗：

「怎麼？你們是光練嘴巴不練身體啊？」

「能夠天天來這裡練練嘴巴就該感謝上帝啊！」

快八十歲的左老太太坐在石凳上扶著手杖答腔，她是言出有因的——十幾年前，她曾中風臥床，當時以為此生休矣，後來憑著自己的信心與毅力，克服困難，由臥床到坐上輪椅，又從輪椅站起來，現在，她每天要走三四個鐘頭的路，十年如一日，從不間斷。遇上天氣不好，她家人也只能開車跟在後頭，以防萬一。但都不敢讓她知道，她會罵家人干涉她的自由。她逢人便說，她這一生中，最大的福氣，就是走這十年路。

丁怡安最佩服她的，也是因為她說了這句話，她能夠體會出走十年路的福氣，那才是她真正的福氣。人幾乎都一樣，已經擁有的福氣大多不會去珍惜，非要等它失去了才知道珍惜。

丁怡安望著這位比自己年長很多的老奶奶，心裡忽然又有所感觸，這位老奶奶之所以知道滿足，心存感激，完全是因為她經歷過一場絕望的痛苦煎熬，才知道珍惜撿回來的生命與生活。難道我也要像她那樣經歷過打擊，才會珍惜我所擁有的嗎？我到底有什麼不快樂？我為什麼要生氣……？她反覆的問自己。

她看見他們爭得口沫橫飛，面紅耳赤，時而哈哈大笑，可惜她一點都聽不進去，她只顧分析自己的心事。其實，媳婦也沒有什麼不好，她只是不懂事而已，比起黃家的媳婦好多了，起碼她肯把兒子交給我帶，而且每個星期也會回來看看我們。周大媽的境況就更不用比，兩房媳婦三個孫兒都沒見過，她兒子要接她去美國住，她卻賭氣說一定要媳婦先回來拜見她，要兒子親自回來接她，她才去。就這麼一賭氣，氣了七八年，也不知道她的兒媳什麼時候會回來？看她那日漸衰老的身體，日漸頹喪的精神，令人心灰……。說起來，蘭瑛也沒有什麼不對，她看見兒子生病，心裡當然會焦急，人一急，口出無狀，也是人之常情，有什麼好生氣的？中雲說他們根本不知道自己錯了。既然那樣，又何必和他們認真呢？昨晚中雲說是因為看見我經常鬱鬱不樂，所以才生氣的。那麼？是我的情緒影響他了？我為什麼會那麼糊塗？一點點的不愉快就要形於色？都怪我心胸狹窄，把好好一個家弄得大家都不快樂。川兒昨晚不知道可睡得著覺？蘭瑛半夜裡不知道有沒有給偉偉餵藥……？她忽然不放心起來，急於回去看看，她眼睛盯著丈夫，幾次指指手表暗示時間到了，他都視若無睹，只顧眉飛色舞高談闊論：

「……聽說那位朱教授上周去世了，我那天還和他請教易卜的問題，怎麼忽然……？」

「是呀，早上起來好好的，還來做晨運，回去吃完早飯說是要睡一會，就這麼不起來了……。」

「修到了，修到了，這樣走最乾脆，最怕就是中風，要死不死的一躺幾個月、幾年，那才……。」

「所以我有心臟病，兒子時常逼我去檢查，檢查做什麼？我連保養的藥都懶得吃，要走就走，何必拖泥帶水……。」

「是呀，你看張樵老，七八十歲了，半夜裡送到醫院，那些醫生也不問青紅皂白，硬在他喉嚨上開個洞，又在胸口上開個洞，讓他受幾日罪……。」

「所以說我已告誡我的家人，如果發覺我不對勁，千萬別送我上醫院，讓我自然的走……。」

「一大清早就是死呀死的，你們幹嘛呀……？」

有人忌諱。丁怡安心裡也不舒服，她只好打斷他們信口雌黃：

「七點半了，我們該走啦！」

「星期天嘛，急什麼？今天又不要帶孫兒，何必急著回去，幾天沒見面，多聊聊嘛。」

就算不是星期天，退休已十年的范校長也會留大家多聊聊的，他家裡一個人都沒有，老妻去世後，孤零零一個人，巴不得大家都留下來多聊聊。

「不行不行，我們要趕著買燒餅油條回去給兒媳吃，去晚了怕買不到……。」

開洗染公司的李老先生最瞭解夏家的情形，開玩笑的代他們答覆，惹得大家都笑起來。

「夏老，你明天來不來？」

「來。」

向大家打了招呼，夏中雲夫婦倆果然向公園邊的燒餅店走去。

丁怡安本來就是一個性格開朗的人，她生氣一向不會太久，尤其是現在，她已經想通了，心裡坦然得多，對於以前兒媳惹她生氣的事，早已忘得一乾二淨，心裡惦記著的只是昨晚兒子孫子睡得好不好的事情。

夏中雲發覺太太沒有來時那麼避著他，心裡暗自高興，知道她的氣已順。出來走走對她大有好處。等他們把小偉偉接回去，一定要恢復以前那樣悠閒的生活。

男人就是這樣，對感情的割捨，比較容易放得下。

夏中雲已經從過去的生活中體驗出來，時代的確是不同了，現在的老年人要找自己的樂趣多得是，有錢作有錢的享受，無錢也有不花錢的享受。最緊要的是心境，人老了，一定不能把心境攪亂，否則一切免談……。他心裡盤算著，腳步卻悄然的靠向太太：

「我們那邊下星期去六福村小人國，包遊覽車去，我們要不要參加？」

「我們這邊也有活動，去溪頭住一晚，還有慶生茶會，我怎能參加？」

「所以說，還是趁早把偉偉交還他們自己負責，我們找自己的生活樂趣，趁我們現在還走得動，眼力尚好，多走走，多看看，莫把剩餘無多的歲月，拿來生氣掉了，那就太不值得，你說對不對？」

夏中雲說這話的時候也有他的私衷，自從太太帶了孫兒，對他的照顧減少了，甚至根本沒有照顧他。而他一向又是被太太照顧得舒舒服服，妥妥貼貼的人。因此，在心理上的這種損失，多少有點不是滋味。如果大家能快快樂樂的生活，他自認就是犧牲點也算了，現在看見太太經常會鬱鬱不歡，難怪他認為不值得。

丁怡安一心惦記著孫兒，也原諒了媳婦，她一心只想趕快回去，所以沒有理會丈夫說的話，卻在心底回答著：你放心，我以後不生氣了，你以後也不會生氣了……。

夏中雲看她不說話，以為同意他的說法，心裡感到好安慰，他儘量不去想這件事，加速腳步跟著太太走。

夏維川一向不會失眠，偶而工作過份忙碌，也只有使他晚上睡得更好。他似乎沒有碰到過什麼令他無法解決的事情。升學、就業、結婚、置產，似乎都是順理成章、按部就班、水到渠成。以前，偶有煩惱，自己不能解決的時候，推給父母，問題就解決了。

現在，煩惱出在父母身上，難怪他不知如何是好。躺在床上，左思右想，左右翻轉，怎麼都睡不著……。

昨晚，夏維川失眠了。

不知道是什麼時候睡著的？似乎才一交睫，又被兒子的哭聲吵醒。矇矇中，睜開眼睛，原來已經天亮，他翻了個身，想再睡一會，腦海裡忽然瞥過母親的病容。他惶然的坐起來，心裡一陣忐忑，急忙跳下床來，他急於想知道母親的病情，也想在父親晨運回來之前，單獨和母親商量一下，問題才容易解決。

他輕輕的溜到母親房間裡，房裡空空，溜到廚房，廚房寂寂，到處靜悄悄。他有點失望，也有點納悶，難道母親還可以像往常一樣，星期天跟父親一塊去晨運？既然可以去做運動，那麼，母親的病一定不會嚴重，他總算舒了口氣。

他不想再回去睡，走到院子裡坐著發愣，腦袋昏沉沉，無法多想事情，正想還是回去再睡一會，卻瞥見父母回來了，心裡莫名其妙的怔一下。

丁怡安因為昨晚心事重重，睡不安。加上茶水喝得過多，臉上有點浮腫，又加上走得過急，有點氣喘，乍一看，情況很不好，夏維川看在眼裡，暗吃一驚，他跟母親回到屋裡，關切的問：

「媽，你那裡不舒服？為什麼不多睡一會？你生病不應該一早出去的。」

丁怡安一眼看穿兒子的心事，不等他問入正題，先安慰他：

「你放心，媽媽什麼病都沒有，只是這幾天小偉偉不乖，累了一點，昨晚睡了一覺，今天已完全恢復正常。你爸爸一向緊張慣了，凡事都會多想，他只怕我會累病而已。我會繼續帶小偉偉，你們儘管放心去上班，不必為小偉偉的事操心。」

瞧著兒子的神態，丁怡安的心情的確正常了。

夏中雲一回來就去弄早餐，這已經成了他每日必做的工作。他們吃慣了稀飯或泡飯，就像兒媳吃慣燒餅油條一樣，習慣成自然了。他本來不喜歡做家事，只因太太帶了孫兒，作息時間不受控制，他才不得不分擔些家事。他曾自嘲自己已經變成一隻司晨的牝雞了。

吃完早餐，小偉偉仍然沒有動靜，丁怡安拿了菜籃去買菜。夏維川兩副燒餅油條下肚，胃裡脹脹的，好舒服。眼皮卻不由自主的垂了下來。他連打了兩個呵欠，還堅持要跟母親去提菜籃，他是想找機會和母親商量一下去臺北的事。雖然剛才母親說可以再帶偉偉，終歸不是長久之計，如果能考慮搬去臺北住，一切問題都解決了，蘭瑛的想法不無道理，值得試試。

丁怡安瞧著兒子那副睏相，知道他昨晚一定睡不好，疼惜的搖搖頭：

「看你睏成那個樣子還想跟我去提菜籃？難道要我背你回來不成？吃飽了就再去睡一覺，去，我又不要你跟。」

母親這麼吩咐，夏維川倒是的確想去睡一會，反正目前不會有問題，只要眼前無事就好，以後的事以後再商量好了，天下那有解決不了的事情？睡一覺也好，的確睏了。

史蘭瑛昨晚一樣無法睡得著，雖然兒子生病叫她心疼，但是想到馬上就可以抱兒子回家，心裡又是一陣興奮，她看著丈夫在床上輾轉不安，好想找他說話，反正大家都睡不著，商量些事情也好，她輕輕叫他兩聲，沒有反應，她心裡知道，就算他聽見也不會理睬，她已習慣了他的冷漠。睡不著，乾脆起來收拾東西，不管明天是否走得成，先把小偉偉的東西收拾收拾。想不到偉偉衣櫃裡的衣服那麼多，連她自己都覺得買得過分了。

快天亮的時候餵的奶和藥，這一覺母子倆都睡得很好。還是小偉偉先醒，一醒就阿爸爸爸的吵著要出去。

史蘭瑛睜開眼睛，看見丈夫仍在睡覺，心一急，用力猛搖他：

「喂，起來起來，你不是說要和媽媽商量一下嗎？怎麼還在睡？快起來，快！」

「已經說過了，還用得著你提醒？沒問題了。好不容易睡著，別吵我！」

夏維川不耐煩的用手擋開她，原來已經辦成了，這就好！史蘭瑛心裡好興奮，霍然起床，像搬家似的開始收拾東西。她心情從未這麼開朗與奮過，比做新娘子還要興奮。夢寐以求的生活終於來了，兒子可以天天在身邊，叫她怎能不手舞足蹈？她自言自語的對著兒子說了一大堆廢話，一邊把東西大包小包的綑起來，只等一聲說走，馬上就可以上路。

她進進出出的忙得團團轉，夏中雲在看報紙，也沒有留意她在幹什麼。

丁怡安買菜回來，聽見孫兒在咿咿呀呀的說話，心情十分開朗，忘了疲倦，踏著飄忽的腳步走去抱他，一邊走一邊應著：

「來嘍來嘍？奶奶來抱你嘍……。」

忽然，丁怡安像觸電似的僵在房門口，驚愕了一分鐘才叫出聲來：

「做什麼？你們做什麼？維川？維川？你們這是幹什麼？你們要搬家不成？你們……。」

夏維川好夢正甜，忽然被叫醒，懵然的坐起來，不知道發生了什麼事情？直到他清醒過來，才看見母親緊繃著臉站在房門口，他從來未見過母親這種臉色，不覺全身一震，仍然不知發生什麼事情，連忙下床來，才看到一細細包好的東西，他訝然的瞪著發愣的妻子：

「你這是幹嘛？你要搬家不成？」

史蘭瑛高高興興在收拾東西，整個人都陶醉在遐思中，不想婆婆闖進來嚇了她一跳，她正感到莫名其妙，現在丈夫又用同樣的語調責問她，她更覺得愕然，心一急，火氣立即沖上來，指著丈夫大聲說：

「是你叫我收拾東西的，你裝什麼蒜？」

夏維川好夢被吵醒，火氣剎那上升，用手指著自己的鼻子：

「什麼？我叫你收拾東西？見你的鬼，我什麼時候說過這種話？你說？」

「就是剛才，你還賴什麼？男人大丈夫，居然說話不算數？你算什麼男人？」

「剛才？笑話，剛才我還在睡覺，我怎麼會說這種話？莫名其妙！」

丈夫在婆婆面前這麼大聲說話，史蘭瑛的心裡既委屈也氣憤，聲音更大：

「你少在你媽媽面前不認帳，我們昨晚商量好的事情，你說你負責和媽媽說清楚。我剛才問你，你說已經說好了，沒有問題了，現在突然又裝糊塗，你這是什麼意思？」

夏維川定了一會兒神，回想著剛才說過的話。

丁怡安看兒子不吭聲，火氣更濃：

「你現在是越來越不像話了，做什麼事也不和我商量一下，太過分，太過分。」

丁怡安從來沒這麼生氣過，她一向是能忍的人，寧可自己委屈，自己吞眼淚，也不願叫別人過不去。她不會逞口舌，所以比較厚道，正合了一句家和萬事與的古訓。今天是因為她實在嚇慌了，過分的驚恐，才不顧一切破例責罵起兒媳來。

夏中雲在看報，聽見有吵鬧聲，好奇的走過去，看見房間裡有細好東西，心中一懍，原來剛才媳婦出出入入，就是忙這些？她為什麼不和我說一聲呢？他看見媳婦一臉凶蠻相，心裡也覺悚然，知道又發生事情了，想溜開不去過問，火氣又吞不下去。他向懵然不知所措的兒子瞥一眼，哈哈的說：

「怎麼？要搬走了？說走就走？事前也不必先告訴我們一聲？太豈有此理。」

三人同時指責，史蘭瑛心裡有說不出的難受，又氣又恨，又怨又悲，竟然對著婆婆粗聲的咆哮起來：

「是你們不要小偉偉的，是你叫我們抱回去自己負責的，自己負責就自己負責，我現在就帶他走……。」

丁怡安被突如其來的事弄得頭昏腦脹，心裡一陣酸楚，眼淚忍不住掉下來。聲音帶著顫抖的對媳婦說：

「我又沒有說你一句不是，只說你一句過分了，你就給我這麼難堪？你把小偉偉帶走，叫我如何是好……？」

她喉嚨已梗塞，說不下去了。

夏中雲看著妻子那麼淒苦，心裡實在不忍，話是自己說出來的，等於是自己惹的禍，他心裡也很難受。事情已經發生了，他沒有料到會發生得那麼快，那麼突然，他已經防範了，結果還是變成這種局面。他心裡耿耿不安，但是他要維持自己的尊嚴，他不能像妻子那樣低聲下氣。他鎖起雙眉，心裡在想著對策。

夏維川想起剛才說的話，原來是蘭瑛誤會了，他很想向她解釋一下，當他瞥見生氣的父親，和一臉愁苦的母親時，態度又強硬起來：

「我剛才只是說媽媽答應繼續帶偉偉，沒有說要抱偉偉回去，你少自作主張……。」

夏中雲一聽兒子說話的口氣，知道太太仍未下定決心，這不能再由她，於是不等兒子說完，馬上接下去：

「不像話，太不像話，簡直不把我們放在眼裡，想做什麼就做什麼。一點不必考慮？就算現在把小偉偉抱回去，也該先跟我們說一聲，怎能這麼任性……？」

前後不到十分鐘，史蘭瑛像是由天堂一下掉進地獄，剛剛編織的美夢，就這麼突然粉碎了。她做夢也沒有想到丈夫會背叛她，捉弄她……。失望、痛苦、孤獨、憤怒，一齊湧上心頭，她忽然失聲哭吼起來：

「兒子是我生的，我要帶走就帶走，誰也管不著。」

夏維川睡眠不足，虛火原已上升，加上在父母面前，不得不有所表現，竟然也兇起來：

「我管得著，我說不准帶就是不准帶。」

「笑話，我生的兒子，我要把他帶走，難道你還攔得住我不成？」

「你試試看，看我……？」

一向笨嘴笨舌的兒子也會吵架？丁怡安感到很驚訝。這種吵法於事無補，完全是意氣用事，逞口舌之能，那裡能解決問題？

丁怡安一肚子的怨氣剎那消散，反倒為媳婦的任性著急起來：

「小聲點，小聲點，有話慢慢說，莫讓鄰居聽到了。」

「聽到我也不怕，我有理，讓大家來評評看。」

史蘭瑛認為公婆和丈夫全家人聯合起來欺侮她，婆婆說怕鄰居聽到，她心裡反而覺得有所恃，她正需要有人來幫助，才不會那麼孤獨。但她沒有想到這句話把婆婆的心刺得更厲害，她看婆婆不說話，心裡有點自得。

丁怡安一向重視面子，鄰居們一直羨慕她福氣好，說她兒媳那麼孝順，每星期都回來看他們，還大包小包的買東西回來孝順他們……。她怎能讓鄰居看出她也會心酸？

連自己都感到幸福的家庭忽然起了波瀾，她面色由青轉灰，眼睛一直望著媳婦，真想跪下去求她不要再吵了，什麼委屈她都能吞，但絕對不能把委屈告訴外人。

醒了很久的小偉偉忽然哇哇大哭起來，大概是被父母的吵架聲嚇著了。丁怡安這才想起要去抱他。她轉過身剛伸出手，史蘭瑛一個箭步衝過去，一把抱他起來，態度非常橫蠻：

「我自己會帶，不要你操心。」

夏中雲一直想不出解決的辦法，正不知所措，看見媳婦這麼無禮，怒火中燒，又不便發作。他有自知之明，脾氣發起來會不可收拾，他不想也不能把事情鬧大，只好把太太拉出去：

「別管他們，由他們去，他們要走讓他們走。聽我話省點神，自己保重要緊。」

丁怡安被丈夫拉到客廳，眼睛卻仍然盯著媳婦的房間傷心，夏中雲無可奈何，只有陪坐一旁乾生氣。

好好一個星期天就這麼破壞了，菜籃裡維川愛吃的菜，丁怡安已沒有心情去弄。一籃好菜孤寂的被冷落在客廳的角落裡。

父母離開後，小倆口也不吵了，不一會，夏維川繃著臉走出來。看見兒子剛才對妻子的態度，夏中雲的心情有點轉變，不知道該為兒子喝采？還是難過？不過，下意識裡，他已沒那麼氣兒子了。

丁怡安看見兒子垂頭喪氣的走出來，心裡雖然難受，但總算不再爭吵，問題才能商量解決。

客廳裡三個人各懷心事，空氣十分沉悶。

忽然，史蘭瑛像龍捲風似的跑出來，一手抱著偉偉，一手提著手提袋，急匆匆的朝大門奔去。三人同時嚇一跳。

丁怡安一急，放開嗓門，沙啞的大叫：

「蘭瑛蘭瑛，你別走，你千萬不能走，你聽我說，有話好說，蘭瑛蘭瑛……。」

丁怡安一邊喊一邊追出去，夏中雲衝過去一把拉住她，自己也緊張的直抖。

夏維川被突如其來的事愣住了，臉一下變青，牙齒咬得咕咕響，像是要和誰拼命似的揑著拳頭。

丁怡安被丈夫捉著手臂，回頭看見兒子坐著發愣，急得指著他吼：

「你還呆在那裡幹什麼？老婆跑了還不趕快去追？趕快把她追回來……。」

夏維川只顧生氣，似乎沒聽到母親吼，木然的望著。

「去呀，你這個飯桶，你這個不中用的東西，還不趕快追？快，快去追呀……！」

長這麼大，母親從沒這麼罵過他，他更傻了。茫然的站起來，慢吞吞的走兩步，又回頭，用一種求寬恕的眼光看著母親，他不想去追。

丁怡安急得直跺腳：

「站著幹什麼？為什麼不去追？你想氣死我是不是？快，趕快去追！你這個呆子……。」

夏維川想說什麼，停了一會，無可奈何的只好向外走，他明知道蘭瑛一定是去車站，他卻向反方向走去，心裡一直在咒罵著：追你回來？做夢，讓你去死，看你能兇到什麼程度？讓你去死……。

他低著頭走了一段路程，看看時間差不多了，才又折回頭。

丁怡安正焦急的等在大門口，看見兒子獨自回來，惶然的瞪著他：

「蘭瑛呢？你怎麼沒有把她追回來？你這個飯桶，這怎麼得了？怎麼得了？」

夏維川忿然的望望母親，一句話也不說，逕自進去，他一肚子的火，恨不得抓她回來揍一頓，消消心頭怨氣。當他瞥見母親那一臉驚惶時，怒氣又壓下來，愧然的望著母親：

「我追到車站，看著她剛好趕上一班開往臺北的巴士，回臺北去了。」

「那你就趕快追到臺北呀？你還回來做什麼？她一個人帶著小偉偉怎麼行？又不知道她有沒有帶奶粉奶瓶，小偉偉還要吃藥，這怎麼辦？你得趕快去追呀！你還站在這裡幹什麼？趕快去追呀！」

丁怡安一連串叫兒子去追，她心裡只有一個追字。

夏維川舉起一隻腳給母親看，指指自己的內衣，讓母親知道他穿著拖鞋、穿著汗衫，怎麼追到臺北？

看見兒子獨自回來，夏中雲心裡反而有點高興，他不希望兒子把媳婦追回來，那樣仍然會大吵大鬧，乾脆分開一下，讓大家冷靜下來，慢慢再解決問題才是正途。只是媳婦這麼出走，太令人難堪，也太出人意料之外。他看見太太急得六神無主，心裡雖然也很不好受，表面上卻故作不在乎狀：

「她已經走了，就讓她自己去處理，她既然敢把偉偉帶走，相信她會有辦法。」

「辦法？她能有什麼辦法？她只是任性罷了。」

「那也好，給她個教訓，讓她嚐點苦頭，以後她就不會那麼任性了。」

「你倒說得輕鬆，教訓？教訓也不能拿偉偉來糟蹋呀？這怎麼得了？造孽，我造了什麼孽？」

她一邊說一邊頓著腳，傷心得飲泣起來。

忽然，她幽幽的望著丈夫：

「都是你，好端端的偏要說些廢話，這下可好，散啦，好好一個家，給你一句話就拆散了……。」

夏中雲內心本已極度不安，現在太太又用這麼重的話埋怨他，心裡更難受。他歉然的強按太太坐下，自己也疲倦的靠在椅子上，閉上眼睛，憂心如焚……。

他早就擔心會有這麼一天，所以事事都謹慎著，避免著，他說要把孫兒交還他們，就是怕會發生不愉快的事情，想不到還是發生了。俗語說，是福不是禍，是禍躲不過。這一鬧，不知如何收拾殘局。

夏維川看父母那麼愁苦，心中非常不安：

「媽！反正她已經走了，追也追不上了，讓她去吧，不會有事情的。」

「人都走了，還不會有事情？就算爸爸說了句不該說的話，你們也不能跟爸爸認真呀？」

夏維川歉然的在母親身旁坐下，母親的傷感令他深感慚愧，他有一肚子的委屈和怨氣，不知如何發洩出來。不覺又咬牙切齒的在心底咒罵起來：該死的蘭瑛，都是她惹的禍，在臺北被她鬧得天翻地覆還不夠？現在居然鬧到家裡來，太混蛋，太可惡，這個目中無人的女人，要滾就讓她滾，我不會去找她，滾滾滾，永遠都不要回來，我不要再見到她，我不要再見到她……。

夏維川把頭埋在手掌中，用力猛抓頭髮，失聲叫出來：

「我不要再見到她……。」

丁怡安已傷心不已，看見兒子的舉動，嚇了一跳：

「你這是做什麼？你在和誰講話？維川！維川！」

夏維川的胸口幾乎脹得要爆炸，他憤然的抬起頭，神情激動得像要殺人似的，連聲音都瘖啞了：

「我要和她離婚，我受夠了，我無法再忍了。」

受夠了？無法再忍了？離婚？到底是怎麼一回事？發生了什麼事情？不可能只為今天的事情吧？丁怡安早就對媳婦存有戒心，總是覺得很孤僻、急躁、固執，沒有料到固執到兒子受不了，這件事不簡單，尤其是她現在把偉偉抱走，心中更為恐慌……。

夏中雲雖然也被兒子嚇了一跳，但很快就正常過來。他只皺皺眉頭，似乎已經看透了兒子的心事。對母親，他慣用這種方法，有麻煩，往母親身上一推，結果呢？他又安然上壘。他瞥太太一眼，看她果然緊張起來，只見她側過身來面對著兒子：

「怎麼回事？川兒！別急別急，有話慢慢說。」

「我要和她離婚。」

「離婚？」

丁怡安像隻驚弓之鳥，驚叫起來，夏維川沒有察覺，繼續說下去：

「是的，我要和她離婚，我受不了她的霸道，她太不可理喻……。」

丁怡安儘量抑制自己，憂慮的問兒子：

「怎麼霸道？怎麼不可理喻？你說清楚一點。」

夏維川腦海裡刹那閃過前天蘭瑛那付潑辣相，心裡一陣厭惡，不覺哼了一聲：

「反正她就是不講理，什麼事只為自己打算，我提議的事統統都是狗屁，像前天……。」

「前天怎麼樣？」

夏維川忽然覺得前天的事沒什麼好說的，所以停下來。沒想到父親倒追問起來。他抬頭看看聲音冷峻的父親，又低下頭去，他不想說。

「你爸爸問你話，前天怎麼樣？你快說呀？」

既然父母追問，發洩一下也好，而且也非說不可了：

「前天小王打電話約我們昨天去吃入伙酒，大家約好去的，她就是不肯去，也不准我去，還和我大吵一架。」

原來是吵過架回來的，怪不得情形不對勁。

丁怡安恍然大悟，疑惑的盯著兒子：

「你們時常吵架？」

「要吵還不是天天有的吵，我懶得理她。」

「她不准你去就不敢去嗎？一個大男人，這種事虧你說得出口。」

「我敢去？如果我真的去了，她不和我吵翻天才怪，我幾乎已成了她的犯人。每天按時上班回家，除了星期六必須回來看看兒子，其他應酬一概謝絕。在她心目中，就只有兒子，除了兒子，六親不認。」

「唉，自己窩囊，還有什麼好說的？你媽給你氣成這個樣子！你不想辦法勸慰，想辦法解決問題，還節外生枝找些痲煩事出來，好像這個家還不夠亂似的？你有沒有心肝？」

「明明是你自己問他，叫他說的，怎麼又要罵他？你這個老糊塗……。」

母親永遠是袒護兒子，夏中雲嘆口氣，他心裡盤算著，怎樣才能善後？對這件事，他只想越快結束越好，不想再煩下去。

夏維川被父親罵窩囊，心裡很不是滋味，不覺低下頭，不敢再說話。他還是頭一次在父母面前說出對太太的不滿，就遭到斥責，心裡直叫冤枉。他忽略了自己選錯了說話的時間，如果父母早點知道他的狀況，也許今天就不會發生這種不愉快的事情了。

埋怨完丈夫，丁怡安忽然又想起什麼來，一臉嚴肅緊張的問兒子：

「你要老老實實告訴我，剛才你說要離婚？你們吵架的時候，蘭瑛有沒有說要離婚這句話？」

夏維川不懂母親的意思，瞠目結舌的愣住了。

「這很重要，你一定要坦白的告訴我，蘭瑛有沒有說過離婚這兩個字？有沒有？」

「那倒沒有。」

丁怡安鬆了口氣，只要媳婦沒有這種心意，問題就簡單得多。她看過很多破碎的家庭，都是女人提出離婚的多，難怪她會緊張。

夏維川說離婚，完全是洩憤之詞，沒有想到母親會忌諱。剛才丁怡安一聽兒子說離婚，馬上就想到莊大媽來，她就是因為三個兒媳離婚後，都不要孩子，交給她帶，現在兒媳都另外結婚了，她一身病痛，還要帶三個形如孤哀的孫兒，境況相當淒涼。和自己帶孫兒的心情完全不同，她真怕兒媳也會……。現在聽見媳婦沒有這種心意，心情自然放開了。她忽然清醒起來，質問兒子：

「你就為了這點事要和她離婚？」

夏維川不知母親心情沉重，惘然的點點頭：

「這樣下去有什麼意思？不如趁早……。」

「胡說，什麼趁早？離婚兩個字可以隨便說的嗎？我還以為是蘭瑛說的，沒想到會是你……。」

「你管他誰說的？兩人吵架還有誰對誰不對？你省點神。」

在夏中雲心裡，兩個都是混蛋，懶得去問誰是誰非。

丁怡安的想法正好相反，她認為兒媳鬧糾紛，誰是誰非，一定要弄清楚，不能盲目瞎干涉，也不能有所偏袒，所以她才會先責備兒子。沒想到反而惹來丈夫對兒子的一頓訓斥：

「你們這些不知天高地厚的年青人，動不動就是離婚，把離婚當作口頭禪，以為很灑脫。你知不知道你結個婚，我和你媽傷了多少腦筋？我們一輩子省吃儉用的積蓄，都給你們結婚用了。萬沒想到你這麼不知珍惜，一點不如意就說離婚。萬一真的離了婚怎麼辦？偉偉是給她帶走呢？還是留下來累死我們？還是你自己帶著他過一輩子……？」

到了這個時候兒子還說任性的話，難怪夏中雲光火了。他為了怕太太不高興，所以不敢用較重的語氣態度說兒子，現在連太太都對他不滿，他當然要好好教訓他。剛才他罵兒子窩囊就罵得很痛心。那句話他已憋了很久，一直沒有機會說出來而已。

「叫他以後不要再說這種話就是了，何必說得那麼嚴重？那麼難聽？明明知道兒子只是說說而已，你就偏偏要得理不饒人，真是的。」

丈夫說的話都是事實，句句有理，但丁怡安還是要說他兩句，免得兒子尷尬。

夏中雲瞭解太太的心意，他一向有著容忍太太埋怨的雅量，所以沒有理會她的話，只低頭沉思著：打鐵趁熱，趁這個機會，何不把心中的積鬱告訴兒子？否則他永遠不會知道自己錯了，也不會知道我們心裡不滿意的原因……。他瞥兒子一眼，看他毫無表情的仍然低著頭發愣，他故意咳一聲，要他注意：

「……你說你受夠了？無法再忍了？你知不知道我們也受夠了，無法再忍了。你知道我們為什麼要你們抱偉偉回去嗎？」

夏維川訝然的抬起頭：

「你不是說媽媽病了？不能再帶偉偉了？」

「那只是藉口而已，像我們這種退了休的父母，大都沒有不能帶孫兒的。不能帶不是父母的體力，而是心境，如果兒媳對父母不孝順、不尊重，父母心裡不高興，還有心情帶孫兒嗎？」

丁怡安比兒子更驚訝，悚然的望著丈夫：

「兒子那一點對你不孝順？我真不明白你心裡想些什麼？他們要上班，你不肯搬去住，叫他們怎麼孝順法……？」

「口口聲聲要我們搬去住，還不是要你去做老媽子？難道請你去當老太太……。」

這句話夏中雲也隱藏了很久，也許是心病吧！自從不上班以後，他不得不承認自己老了。人老了就該擁有一個完全屬於他的家，也要一個完全以他為重心的老伴。他怎能讓老伴為兒媳嘔氣？為孫兒操心？再說兒子的房子雖然是他買，終歸是兒子的房子了。而這間公家配給他住的房子，他住得理直氣壯，心安理得，何必要搬去？

丁怡安的想法又不一樣，她認為住了一輩子公家的房子，好不容易自己買了一間，雖然是買給兒子的，但也是自己的房子呀？為什麼自己的房子不住，還要住那間颱風一來就提心吊膽的房子？所以，她對丈夫的固執非常不滿，現在聽丈夫說得那麼傷感情，心裡更生氣：

「我看你最近的思想有點反常了，你怎麼可以這樣說話呢？是不是老媽子完全是個人的想法，你怎麼不認為是自己的福氣？自己的權利？如果不是自己的兒媳，我們能享受這種福氣權利嗎？如果兒媳遠在國外我們能享這份福氣權利嗎？這完全是思想上的問題，你難道不明白，人的快樂與否，完全是在一念之間嗎？」

夏中雲覺得太太完全是一種消極的思想，任何事情都一樣，對就是對，不對就是不對，怎能用退一步來作解釋？

他忽然怪笑一聲：

「哼，福氣嗎？權利嗎？遠的不說，你看他們昨天是怎麼個態度對你的？回來一聽到兒子生病，就像天掉下來似的緊張，一句句都是質問和責備的話，他們有沒有問你一句這幾天辛苦不辛苦？花了多少錢？有沒有看一眼你這副為孫兒磨折得憔悴已脫了人形的尊容？他們每次回來，大包小包都是他們兒子的東西，有沒有買一塊你喜歡吃的糖，你喜歡吃的餅回來孝敬你？」

「怎麼啦？你這是怎麼啦？盡說些小孩子的話？你要吃糖吃餅叫他們買回來就是啦，你不說，他們怎麼會知道？」

夏中雲又怪笑一聲：

「偉偉有沒有叫他們買東西呢？他們怎麼會知道買東西給偉偉呢？我知道這些臉紅的話是不該說，我只是告訴你，他們心中沒有你，你光為他們設想是沒有用的。」

夏中雲終於把梗在胸口的積鬱吐了出來，心裡忽然舒坦了，只是當他瞥見神色不安的兒子，和一臉驚惶的妻子時，心裡不免也有點傷感。他不想聽太太說話，免得又給她埋怨，他也不想等兒子解釋，根本沒有什麼好解釋的，於是又搶著說下去，話鋒轉向兒子：

「你只會怪蘭瑛自私，說她凡事只為自己打算，你自己呢？明知母親心裡難過，還要說出離婚的話來逞一時之快，也不怕戳傷母親的心？這和蘭瑛不告而別，負氣出走有什麼分別？我今天無意責備你母親，但你這種無責任感的性格，完全是你母親一手造成，她太為你著想，才造成你不會為別人著想的壞習慣，你如果不趕快警惕改過，你將會永遠自食苦果。我和你母親都對你不滿，主要是你粗心大意，加上固執自以為是。你知不知道你母親經常給你氣個半死，好在她有健忘症，否則準會氣炸……。」

夏維川沁著冷汗，臉色不斷的轉變著，他一向渾渾噩噩，現在突然被父親一記悶棍，漸漸清醒過來。父親的說話令他感到慚愧，不過他不承認自己自私，只怪自己根本沒有想到這些事情上來，他一直以為對父母不需要客套，還可以予取予求，除了對父親說話小心點外，沒有什麼好計較的。他一直不知道父母會有問題，沒想到忽然會冒出這麼多問題來，而事情原已複雜，現在又節外生枝，硬塞些煩惱給他。他不明白父親既然有那麼多對他不滿，為什麼不早些說出來？早些告訴他？讓他瞭解，讓他改正，現在忽然都壓到頭上來，叫他如何是好？如何承擔？真想挖個洞鑽進去算了……。

丁怡安看丈夫長篇大論，越說越離譜，她早已心亂，無法再聽下去，也不想和他辯論。她看著那個手足無措的憨兒子，很替他難過。她推推兒子，又轉向丈夫：

「好了，你說完了沒有？我今天沒有心情陪你發神經病，你留著慢慢說吧！川兒，你莫在這裡耗時間，趕快去換衣服，我和你一塊上臺北。偉偉還在咳嗽，你們明天要上班，我先去看著他，等找到人我就回來。」

夏維川心裡正紊亂，不知如何向父親解釋好，更不知如何善其後。一聽母親要去臺北，衰頹了的心臟忽然跳躍起來，只要母親去臺北，問題解決了。他霍然站起來，馬上要去穿衣服，伸手想拉母親起身，卻被父親一把按住：

「我看不必，你如果追去，她以後就更任性，這次我們的態度一定要強硬，否則……。」

丁怡安戚然的嘆口氣：

「現在不是意氣用事的時候，看在孫兒的份上，什麼都要容忍，莫去計較那些雞毛蒜皮的事了，就當她還是個不懂事的孩子好了。」

她說完話站起來，瞄一眼牆角的菜籃，她要先處理一下。

夏中雲最恨太太不重視他的意見，還說那是雞毛蒜皮的事，氣得又用力把她按下：

「我今天無論如何都不准你去，你已經心力交瘁，難道一定要倒下去才罷休？再說你已經把兒子縱得沒有責任感，現在又把媳婦嬌縱得專橫霸道，目無尊長。就算你能追到臺北，她也不見得會接受你的幫助。剛才你已經領教過了，何必再去碰釘子？她那種狂妄的心態，一定要給她點教訓。如果她不向你認錯，我不准你再理她……。」

夏中雲說到這裡，停了下來，緩和一下激動的情緒。他眼睛盯著兒子，想了一會，又提高嗓門：

「……維川，你這麼大的人了，應該有處理事情的能力，一個大男人，凡事應該有自己的主見，有自己的原則，連和老婆都處不好，還談什麼人生抱負？把個家弄得烏煙瘴氣，算什麼男人？你別全怪老婆，自己也該檢討一下。」

丈夫真的生氣了，丁怡安心裡雖然也激動，但還是壓抑著，她瞭解丈夫的脾氣，弄急了，會不顧一切的莽撞。結果倒楣的還是兒子。她心裡一慄，瞧著兒子垂頭喪氣，啞然的木立著，她只好藹然的安慰他：

「既然你爸爸那麼固執，你現在就先回去吧！回去看看情形，最好是蘭瑛不要上班了，自己帶最好。如果找別人帶，也要叫蘭瑛請兩天假陪陪偉偉，怕他會認生。有問題，即刻打電話來，我馬上去臺北，記住，千萬別讓他哭，會哭傷肺的。」

丁怡安淒酸的說到這裡，抬頭看見兒子臉上有淚痕，心更酸。她強忍著激動的情緒，催兒子趕快回去。她既對孫子不放心，也氣丈夫無情亂罵兒子。

夏維川戚然的看著母親，遺憾母親不能去臺北。只好無奈的去換衣服，他實在不想走，又不得不走。

夏維川走到門口，母親又把他叫住：

「川兒，記住回去千萬別和她吵，看在兒子份上，你就少說一句，讓她一點，做個男人，對太太忍讓點，不會吃虧的，答應媽，好嗎？」

夏維川點點頭，一句話也沒說，悵然的走了。

離開母親的家，夏維川像投身在茫茫大海裡，街上行人熙熙攘攘，都是與他不相干的人，他盲目地向前走，腳步熟悉地移向車站，但他不急於回家，他要好好的想想，因此，他沒有搭車，獨自彳亍著到車站，買了票，買了本雜誌。上車後，坐在那個靠窗的位子出神。到現在，他才知道自己實無是處，父親因他生氣、老婆對他嘔氣，他到底做錯了什麼？他一直循規蹈矩的生活著，父親說的人生抱負，他不知道指的是什麼？

在他的生命裡，他只希望妻子不那麼約束他，家庭經濟不那麼壓迫他，等房子供完，或增加了收入，買輛汽車代步不必擠公車，逍遙自在的過一輩子，就心滿意足。這種想法，這種生活態度，難道錯了嗎？父親責備他的話，其實都是小事情，只怪自己疏忽而已。父親既然把它看得那麼嚴重，為什麼不早點告訴他？連自己的父親都會有這種問題存在，做人真不容易……。

夏維川在車廂裡思潮起伏，獨自欷歔。他忽然心灰意冷，萬事皆休，對生活已感到毫無樂趣。

手上的雜誌還未打開，臺北已經到了。

下了車，夏維川又在街頭徘徊了一會，蘭瑛那副凶悍潑辣相一直在他腦海裡翻騰，他不想回家，雖然他答應過母親回去，不和她吵了。但他辦不到，她太可惡，居然敢在父母面前給他難堪，這口氣難嚥，一定要還以顏色。他越想越氣、越想越恨，忽然，他把心一橫，招了部計程車，直駛小王家。

史蘭瑛的情緒近乎崩潰了，她瘋狂的抱起兒子，像逃命似的向外跑。她沒有理會婆婆嚴厲的呼喚，攔了部計程車直抵車站。

她沒有理會排隊買票的人有多少，只顧衝到售票口，買了張票，別人看她只買一張，又是抱著孩子，也沒有干涉她。星期假日加班車多，很快的，車子來了。上車的時候，她還不斷張望，希望丈夫會追來，左顧右盼，車開了，仍然沒有蹤跡。

她悵然的抱著兒子坐下，神志慢慢清醒過來，心裡感到好失望。

偉偉一直在哭，可能是餓了，她這才想起奶粉奶瓶統統沒有帶。剛才出來的時候太激動、太匆促，什麼都忘了。上了車，又是直達車，一點辦法都沒有。她焦急的抱著兒子在車廂裡走來走去，沒有用，兒子仍然哭個不停，吵得一車不得安寧。大家都顯得不耐煩，兒子聲嘶力竭的哭到臺北，她也筋疲力竭的抱著站到臺北。她心裡好恨，恨得咬牙切齒，如果維川趕來，她不會那麼狼狽……。

下了車，第一件事買奶粉奶瓶，急匆匆奔回家，她忘了自己規定奶瓶要煮滾後，再煮五分鐘才能用，也忘了開水要每天煮的才能沖奶，就這麼急匆匆的沖了瓶奶塞到兒子嘴裡，才定下神來，差一點她就要昏倒下去。

這真是一次艱難漫長的旅程，如果不是突然發生事故，她怎麼敢獨自一人帶著兒子出來？

兒子抱回來，她沒有預期的興奮，要做的事情太多，不知從何著手起？她已疲憊不堪，只有等維川回來再想辦法，維川馬上就會追來的，對這一點，她很有自信。

偉偉終於睡著了，她也睏倦的睡著了，房間裡好寧靜。

電話鈴忽然響起來，史蘭瑛在矇矓中嚇醒，睜開眼，一片漆黑，原來已經到了晚上，她摸索著去開燈，偉偉也被驚醒，哇的一聲大哭起來。她先抱起兒子，然後再去聽電話，傳來的是婆婆的聲音，她下意識的震了一下：

「蘭瑛嗎？你在做什麼？這麼久才來聽電話？維川呢？他回來了嗎？」

維川？維川在那裡？她迅速掃視一周，那有維川？

「我好像聽見偉偉在哭，他為什麼哭？」

為什麼？你管他為什麼？她心裡冒火。

「蘭瑛？你聽見我說話嗎？你一走維川就去追你，他什麼時候到家的？」

根本沒有回來，鬼知道他什麼時候到家？她心裡暗罵著，嘴裡卻不耐煩的說：

「剛剛。」

「回來就好，你們別再吵架啦？偉偉找到人帶了嗎？」

史蘭瑛不假思索，衝口而出：

「找到了。」

「那就好，是請人回家帶還是送去給人家帶？」

史蘭瑛不想和婆婆說話，她的心好亂，只想快些掛斷，於是信口說：

「就在我們樓下。」

「那真是太好了、太好了，只是……只是你明天最好先陪陪他，讓他先習慣一下，他已經會認人，到陌生人家裡他會不肯的，所以，所以……。你明天請一天假好嗎？」

婆婆說話太嘮叨，她感到好討厭，隨便應了一聲：

「唔。」

「你的奶粉奶瓶都沒帶，你買過了吧？我過幾天精神好點再把東西送去給你，如果偉偉不肯跟別人，不要太勉強他，你馬上打電話給我，我可以馬上趕去，他還咳，別讓他多哭，最好再帶他去看一次醫生，知道嗎？」

真囉嗦，當我不會帶兒子，史蘭瑛氣呼呼的又「唔」了一聲，隨即掛了電話。

維川那裡去了，婆婆說他馬上追來的，早就該到了，怎麼還不回來？

奇怪？

史蘭瑛不安起來，她明天要上班，偉偉交誰帶？他不回來？我怎麼去找人？怎麼辦？氣人、氣死人……。

抱著哭鬧的兒子，史蘭瑛心煩意亂，隱約聽到陽台的狗在叫，這才想起狗還未餵，一定餓壞了。

她把兒子放在地板上，挪些東西給他玩，急匆匆的跑進廚房，打開冰箱，什麼都沒有。往常每次回家，婆婆總會滷點菜給她帶來，她只要在巷口菜攤上帶點青菜，回家煮鍋飯就好。

今天的生活亂了步驟，莫說狗未吃，自己由早到晚又何曾吃過東西？她匆匆的煮下飯，等飯好了用醬油拌了碗飯先餵小狗，自己則以豆腐乳就著吃了一碗，總算填了肚子，精神好多了。家裡小孩用的東西一樣都沒有，沒有澡盆、沒有煮奶瓶的鍋子、沒有足夠的尿布、沒有這、沒有那，可恨的維川，這麼晚了，他不回來，我帶著孩子那裡去買東西？她沒有想到這麼快就可以把兒子帶回來，她什麼都沒有準備好，急得團團轉。

兒子又哭了，她惘然的抱起他，怎麼辦？維川那裡去了？他為什麼不回來？她眼睛幾次撇向電話，又不知道該打給誰，到那裡去找他？這麼晚了，他會去那裡……？

兒子哭得她六神無主，她以為兒子是吃了剛才她忘記煮的奶瓶，肚子痛，她焦急得眼淚直流，她不知道幾個月大的孩子已經會認環境，他要睡回自己的房間，自己的小床，所以一直不安。兒子哭，她也哭，她抱著兒子在客廳裡急步走來走去，直走到兒子哭累了，安靜下來，她才得喘口氣。

兒子不讓她放到床上，一放就哭，沒奈何，只好把他摟得緊緊的，輕輕的坐在沙發上，她眼睛又盯著那堆尿布發愁，帶來的幾條尿布早用完了，連汗衫毛巾都用上，再不洗，只有剪床單了。偉偉不讓她洗，怎麼辦？她又傷心起來，心裡有說不出的委屈。

時鐘無聲無息的把時間一分一秒的帶走，史蘭瑛抱著兒子蜷縮在沙發上，她屏著氣，連大氣都不敢嘆一聲。每次兒子在懷裡動一下，她就會下意識的瞥一眼牆上的掛鐘，一點，兩點，三點，幾乎每個鐘頭的逝去她都知道，時間過得比在醫院裡等生孩子更漫長，心情則比生孩子肉體感受更痛苦。她不知道自己做錯了什麼？要受這種懲罰。結婚以來，她一直和丈夫共同負起家庭經濟的責任，為了工作，迫得她不得不母子分離，一星期才能見一次面。她平時省吃儉用，除了兒子的東西，自己難得添件衣服。到底什麼地方對不起他們？他們要用這種態度，這種手段氣人，他們把偉偉帶得不成人形，還要罵她任性、過分……。

我那點任性？那點過分？一個晚上，她都心神不寧的胡思亂想，時間像刀割，時間似油煎。她提醒自己，多想無益，反正兒子已經回來了，兒子已在身邊，明天要辦的事多著呢……。正當她昏昏沉沉想睡的時候，兒子醒了，破例沒有哭，而且咿咿呀呀的自己說起話來。

她知道睡不成了，在沙發上屈了一晚，但覺手酸腳麻背僵。她艱難的抱著兒子站起來，卻連腳步都邁不開。

窗外傳來陣陣汽車喇叭聲，已經是明天了？看看時間，她慌忙撥個電話給同事：

「依芳嗎？我是蘭瑛，我昨天由臺中回來感冒了，發了一夜的燒，頭好痛，你跟組長說一聲，我請一天假，好嗎……？謝謝。」

放下電話，心頭一陣陣惘然，維川那裡去了？一夜沒回來，這是很久很久沒有的現象；莫非？她忽然想起來，莫非他去小王家了？

她馬上拿起電話，隨即又放下，他如果在小王家，為什麼不打電話回來？他不打電話回來，要我去找他？做夢，我沒有那麼賤！她氣憤憤的掉頭走開。

萬一他不是在小王家？他會去那裡？莫非？莫非出了車禍？最近出車禍的同事好幾個，天哪！怎麼辦？還是打電話去問一問？史蘭瑛全身一顫，馬上轉回電話機旁，拿起電話，又想不行，如果他正好在那裡，知道我焦急，他豈不得意？不回來拉倒，沒有他我一樣可以上班，可以帶兒子，等著瞧……。放下電話，心情複雜至極。

偉偉又不乖了，又到吃奶時間，她匆忙把兒子餵飽，自己略為收拾一下，抱起兒子鎖上門，去辦昨天晚上想好要辦的事情。

在巷口的電線桿上，貼著一張張代帶嬰兒的紅紙條，她早就注意到了，只因為一直有成見，不放心孩子交給陌生人帶，現在火燒眉睫，不放心也不行。她抄下幾個地址和電話，然後去買偉偉的必需用品，大包小包的提得她直喘氣。一手抱兒子一手提東西上四樓，也真難為她。

回到家裡，喘息甫定，立即開始打電話：

「喂，你是姓黃的嗎？……多大……八個月……什麼……太大了……只帶新生的……為什麼……噢……好吧。」

給人家帶孩子還挑肥揀瘦，莫名其妙。她嘀咕著又撥另一個電話：

「喂？喂？喂？……。」

倒楣，沒人接，死到那裡去了，最後一家了，好在接通。史蘭瑛已經十分急躁：

「……什麼……先帶來看看……好的……什麼時候……待會就來……好的。」

總算有了著落，還以為滿街都是帶孩子的人家，沒想到需要的時候還會有困難？莫名其妙，她又罵起來。

偉偉已經會爬，不能放在床上，史蘭瑛在地上鋪張毯子，讓他坐著玩，趁他不鬧，趕快去做事情。

維川那裡去了？有沒有去上班？對了，打個電話到他上班的地方去問問不就知道了。

她走到電話機旁，問什麼呢？問他有沒有去上班嗎？問他今天回不回來嗎？想起昨天他在母親面前那副不可一世的神態，火氣又湧上心頭。我只是不准他母親抱偉偉，他居然敢伸手打我，雖然沒有打中，有什麼分別？要和他說話，掉頭就走，可惡至極。我現在去找他，他會更趾高氣揚。他存心想氣死我而已。不回來？不回來就死到外頭去好了，哼。

史蘭瑛忿恨的把哭著的兒子抱起來，一陣暈眩，她蹲了下去，這兩天用精神過度、睡眠不足，加上心中焦慮，自然會心力交瘁。她想起還沒有吃早飯，而現在已經是午飯時分了，難怪撐不住。奇怪？怎麼不會感覺肚子餓呢？

她把剛才買回來的麵包勉強吃一個，丟一個給陽台上的小狗，偉偉又該吃奶了，奶瓶還未煮，早上洗的尿布未乾，現在又來一大堆，怎麼會有那麼多事情？

偉偉想睡覺，又開始哭鬧，他有吮奶嘴的習慣，這是蘭瑛最反對的，她看到書上說，嬰兒吮奶嘴有不良的影響，甚至會造成心理障礙，因為這件事，她還和婆婆爭執過，她自然不會給兒子買奶嘴。費了好大的功夫才把他弄睡，她摟著兒子輕輕躺在床上，自己也好睡一會，等會還要辦事呢！

閉上眼，又是維川的影子，拂之不去，他到那裡去了？為什麼不回來？她心裡飲泣起來。

下午，史蘭瑛抱著偉偉找到了帶孩子的人家，是一家住在三樓的家庭，就在附近，不必乘車最為理想。按了電鈴。

史蘭瑛心情緊張的問開門的年輕女兒：

「請問這是莫家嗎？」

「是的，你是上午打電話來的夏太太吧？」

史蘭瑛點點頭，把懷裡的兒子摟得更緊，她步步為營，生怕別人搶了她的兒子。

「夏太太，請裡邊坐，我就是莫太太，來，我試試看，我來抱抱小弟弟。」

莫太太話剛落，伸手就把偉偉抱過去。

史蘭瑛嚇一跳，她還來不及說話，偉偉已經大哭起來，史蘭瑛緊張的把兒子搶回來，心裡十分不悅：

「你這麼急幹什麼？你讓他先看看要不要……？」

「沒關係的，抱抱他就會習慣。」

「他怕生，我就是擔心他會不習慣……。」

「這麼大的孩子都一樣的，幾天就會習慣。」

「幾天就會習慣？你是說讓他哭幾天？」

「孩子哭哭沒關係，對肺部有好處，書上也是這麼說的。你不知道嗎？」

史蘭瑛只想到婆婆說不要讓偉偉哭，會哭傷肺。她眼睛盯著莫太太，狐疑的問：

「你帶過孩子嗎？」

這位看起來還是二十幾歲的年輕太太笑了起來：

「我有三個孩子，最大的念國中，最小的也讀小學……。」

史蘭瑛敏感的瞥一眼客廳的學步車，還有一些塑膠玩具。莫太太看出她的心事，笑著說：

「我已經帶了一個孩子，就是我們對門的，我打算再帶一個，所以……。」

史蘭瑛抱著不乖的兒子不安的踱來踱去，眼光卻懷疑的瞪著她：

「你打算再帶一個？你是說你可以同時帶兩個小孩？」

莫太太又笑起來，笑容裡充滿自信：

「我和婆婆一起帶，兩個人帶可以了。」

「和婆婆一起帶？」

史蘭瑛的眼睛睜得更大，認為不可思議！這個人居然能和婆婆一塊做事情？怪！

莫太太知道她又有疑問，於是笑著說：

「我婆婆好喜歡孩子，白天我們的孩子都上學去了，她覺得好無聊，所以我就想到幫人家帶孩子，還可以增加收入，一舉兩得。你放心好了，你把孩子交給我們，我們會盡力把他帶好的。」

「每月多少錢？」

「光帶白天六千，連晚上也帶八千。」

「你們晚上也帶？」

「需要我們帶也可以。」

「早上幾點把孩子送過來？」

「隨便你，你如果沒空，我們去接也可以。」

史蘭瑛很感滿意，忽然好奇的問：

「你婆婆呢？」

「她帶孩子睡午覺了。」

「那個孩子多大了？」

「滿一歲，她出生我們就帶她的。」

莫太太說話的語調令人信任，史蘭瑛的緊張情緒鬆弛了。她又問了些問題，臨走的時候對莫太太說：

「我七點要上班，送孩子過來恐怕會來不及，以後還是麻煩你來抱他。不過這兩天我會送他過來，讓他熟識一下……。」

大問題解決，心情安定得多，回家的路上，看見有放學回家的學生，又是下班的時候，維川該回來了，也許他已經回到家裡也不一定，心裡忽然一陣怦怦，想到維川已經在家裡，不覺加速了腳步。

拿出鎖匙手有點發抖的打開門，迎面而來的仍是一屋的陰冷靜寂。

史蘭瑛失望的把兒子放在地板上玩，自己頹然的倒坐在沙發上。

電話鈴聲忽然又響起來，是維川？她一怔，緊張的跑去拿起電話，傳來又是婆婆的聲音：

「……偉偉怎麼樣？他習慣嗎？」

「習慣。」

「他沒有哭鬧嗎？」

「沒有。」

「初跟陌生人，會不習慣的，你要多留意，別太相信人家的説話，知道嗎？」

「唔。」

「我上午打電話來，沒有人接，下午又打一次，你是不是去陪他？」

「唔。」

「他還有咳嗎？」

「沒有。」

「維川下班了嗎？」

下班？鬼知道？

「我不是找他，沒有事，我只是隨便問問而已。過兩天我再來看看你們。」

不是維川的電話，史蘭瑛感到好失望。

該來的電話不來，煩死人……。

維川到底那裡去了？兩天了。莫非真的躲在小王家打牌，他敢嗎？我在家裡受罪，他卻去打牌，該死！這個沒良心的東西，回來一定不饒他。

又是一個夜晚，到了晚上，偉偉特別不乖，仍然是哭累了才睡著，她仍然痲木的盯著牆上的掛鐘，一點，兩點，三點，時間過得好慢。

隱約的又聽到汽車的喇叭聲，天亮了。

她混混沌沌的睜開眼睛，懷裡的兒子也醒了，咿咿呀呀的又唱起來。她忽然感到頭好痛、肩膀好冷、四肢已經痲木，真想倒在床上蓋著棉被痛痛快快的睡一覺。如果維川在身旁，他會把偉偉抱去交給他媽媽，她可以無牽無掛的睡一覺，睡一大覺。

腦海裡一直想著維川沒有回來，他到底在那裡？為什麼不回來？為什麼？為什麼？她心裡又嘶喊起來。

頭痛欲裂、眼睛冒火、混身痠痛、糟糕了，生病了！我怎麼能生病？我要上班，我要送兒子去莫家，我要燒開水，我要洗尿布，我還有一大堆事情未做，我怎能生病？

真的生病了，混身一點勁都沒有，連抱兒子的力氣都沒有了。七點已過，上班已經來不及了，她恍恍惚惚的拿起電話：「依芳嗎？我發燒仍未退，不能來上班，幫我再請一天假好嗎……謝謝你……再見。」

不去上班，偉偉也不必送去莫家了。只是沒有力氣抱他，怎麼辦？也許等會維川就會回來，他回來可以幫忙著帶，他回來可以……。

她又撥了個電話給莫太太：

「莫太太嗎？……我是夏太太，我今天不用上班，我明天再送他過來好了。」

放下電話，心裡十分空虛，不知如何是好？想睡而沒有得睡的滋味好痛苦，不知道以前婆婆是怎麼帶他的？怎麼沒有聽她說過好難帶，帶得好辛苦呢？公公說婆婆不能再帶孩子，莫非真的累壞了？她心裡有一點點不安起來。

大概是吃了兩粒感冒藥的緣故，口好乾，也感到餓了，又不想再吃速食麵。忽然想起坐月子的時候，婆婆天天做好多營養品給她吃，大概是吃膩了，有一天她說口好乾不想吃東西，婆婆就熬了碗稀飯給她吃，她現在才懷念起那碗稀飯來，如果現在有一碗該有多好！對了，婆婆說有問題馬上打電話給她，她會馬上來。對，打電話給婆婆，告訴她維川沒有回來，告訴她偉偉不乖，告訴她……。

不行，不能告訴她，已經說過不要她管了，我不會向她訴苦……。

她忽然覺得自己好孤單，連個說話的人都沒有，平日裡丈夫就不夠體貼，什麼事都不管，回到家裡二郎腿一蹺，看報紙、聽音樂，連兒子的事都不聞不問，一有機會就想打牌，還以為結了婚、有了孩子，就會有一個幸福的家，她一直希望有一個屬於自己的家庭。她在南部鄉間長大，家事務農，當初家裡就反對她到臺北讀書就業，更反對她在臺北結婚。所以，婚後她絕少回娘家，家人對她也不過問，養成她現在孤僻的性格。平日裡生活刻板，她既不和鄰居打交道，同學間也少來往，最親密的就是幾位每天相對的同事，大家又都在上班，有委屈苦水，向誰傾訴？有誰同情？

日夜思念的兒子已回到身邊，她卻仍然有失落的感覺。

這一天，她過得更辛苦、更漫長。好不容易熬到黃昏，偉偉又開始不乖，連上廁所都要抱著他去。新換環境，孩子沒有安全感，眼睛一離開母親就哭，哭得她心煩意亂，她已筋疲力竭，精神和情緒都快崩潰了……。

忽然，電話鈴又響起來了，她全身一震，忙拿起電話，果然又是婆婆的聲音：

「喂，喂？是蘭瑛還是維川？」

一聽婆婆的聲音，史蘭瑛的情緒馬上激動起來，鼻子一陣發酸，眼淚瞬即湧出，幽幽的說：

「我是蘭瑛。」

「你下班多久了？偉偉抱回來了嗎？」

史蘭瑛心如針戳、喉嚨梗塞，她在心底裡喊著：我生病了，沒有去上班……。

婆婆沒等她的答覆，繼續問她：

「偉偉乖不乖？他習慣了嗎？」

我快給他磨瘋了，你還問他乖不乖？史蘭瑛心裡猶豫著，不知該如何答覆。

婆婆的聲音又傳過來：

「喂？蘭瑛，你怎麼不說話，你還在生媽媽的氣嗎？」

婆婆問得太突然，一顆心怦然猛跳，她帶著慚愧而酸楚的說：

「沒有。」

「沒有就好，過去的事不要再去想它了，你們吃過飯了嗎？偉偉洗過澡了嗎？」

史蘭瑛無法答話，她已激動不已，婆婆似乎已經洞察一切：

「喂？蘭瑛？你怎麼哭了？維川呢？他又惹你生氣嗎？你叫他來聽電話，讓我罵罵他……。」

史蘭瑛再也忍不住了，幾日來的委屈、辛勞、憂慮，壓得她好辛苦。婆婆閒話家常的問她，問得她摧肝斷腸。丈夫幾日不回來，連一點消息都沒有，兒子要交給陌生人帶，明天的情形如何不得而知？偏偏自己又不爭氣，趕這個時候生病，想逞強不求他父母，可惜事與願違，而對著亂糟糟不堪設想的家，耳朵聽著婆婆溫婉慈愛的關懷，她心碎肝裂，激動得更無法作答。忽然伏在電話機上痛哭起來，她需要哭，她要痛痛快快的哭，除了哭，她還能做什麼？手裡的電話沒有掛斷，隱約聽到婆婆急促的叫她：

「蘭瑛？蘭瑛？你怎麼啦？蘭瑛……。」

結縭三十多年的夏中雲夫婦，兩人個性迥異，但卻不曾為某一件事斥責過對方。爭執難免，但都能互相忍讓，也不說傷感情的話，所以一直都能維持和諧的生活。不想對方暮年，到了真正相依為命的時候，卻為了人生的另一種需求而起波瀾，而有了困擾……。

丁怡安望著兒子的背影消失在大門外，一顆心也跟著兒子走了。整個人像尊菩薩似的端坐著，一動也不動。丈夫和她説話也不理睬，倒真像入定了。過了個把鐘頭，夏中雲實在忍不住了，才推她一把，溫婉的說：

「我把菜先放在冰箱裡，你回房裡睡一會，等精神好一點再弄好嗎？」

丁怡安怔了一下，回過神來，惘然的望著丈夫，想起剛才他的態度，他剛才說過的話，感到不可思議。一向虛懷若谷不拘小節的丈夫，忽然會斤斤計較起來，這到底是為了什麼？退休會改變一個男人對事務的看法嗎？連度量氣質都會改變嗎？這該如何是好？莫非？莫非真個是英雄氣短了……？

夏中雲看她眼神有點異樣，認為她是傷神過度，於是伸手去拉她起來：

「我去弄飯，把昨天的弄熱就好，你去睡一會，弄好我叫你起來吃。」

丁怡安拎過他手中的菜籃愴然的走入廚房。

對著那包雞翅膀，心裡一陣難過，眼淚又掉了下來，兒子已經回去，她也懶得弄了，連同那包肫肝統統塞到冰庫裡，讓它和她的心臟一塊結冰去。

一整天，她都不和丈夫說話，只要他走到身旁，她就走開，夏中雲了解她的心境，對今天的事情多少也有點抱歉，不說話沒關係，讓她安靜一下也好。

丁怡安的心一直徘徊在臺北，自從兒子走後她就開始盼望他來電話，她怎知道蘭瑛帶偉偉回臺北的情形。左盼右盼一直盼到晚上，她再也沉不住氣了，趁著丈夫洗澡的機會，偷偷的撥了個電話去臺北探聽消息。當她知道維川已經回到家裡，偉偉也找到人帶了，她那顆懸在半空中晃來晃去的心才穩定下來。

孫兒走了，整個家忽然變得好冷清，特別是到了晚上，沒有事情好做，夫妻相對，心情更凝重，平常這個時候，孫兒還未睡，夫婦倆逗著他有說有笑，就是這幾日孫兒生病，雖然擔憂驚恐，生活還是很充實。不像現在，整個空虛了，家裡冷冷清清，兩個人都有寂寞之感。

夏中雲尚能自遣，看完電視一覺睡到天亮。天亮後又有好多事情可做，想幫太太的忙，自然有很多可做之事。

丁怡安則不行，閉上眼，全是孫兒的影子，偶然驚醒，是孫兒的哭聲，一個晚上，她睡得好辛苦。

第二天，她偷偷的又打了兩次電話，沒有人接，直到晚上打通了，知道一切都好，心才稍寬。

時間可以沖淡一切，第三天，丁怡安的心情已逐漸開朗起來。夏中雲看在眼裡，心裡暗自高興。

黃昏時分，估計兒媳下班了，不放心的還是孫兒，不知道每天他是幾點回家的？丁怡安又撥了個電話去問問孫兒的生活情形。當她聽到媳婦失聲痛哭時，整個人都嚇軟了。

夏中雲聽到太太驚叫聲，以為媳婦又給她顏色，忿忿不平的說：

「叫你不要打電話去問你偏不聽，她這種狂妄的人，你真是自討沒趣，你越關心她，她越無法無天……。」

丁怡安臉色一下變青，呼吸也急促起來：

「你別開口就罵，一定發生了事情，我聽見蘭瑛在哭。」

夏中雲無動於衷，哼了一聲：

「哭？會有什麼事情？還不是吵架了。」

「吵架？又吵架？他們吵架倒楣的是偉偉，怎麼辦？這孩子怎得了？我看……。」

丁怡安說了一半，忽然緊張起來：

「……也許不是吵架，也許出了事情，莫非偉偉……。」

想到這裡，整個人都癱瘓了。

「你這人就喜歡捕風捉影，維川不是說過他們經常吵架嗎？你那裡管得了那麼多？反正現在眼不見為淨，你不打電話去，耳根就可以清靜。你真是食古不化，有現成的清福不享，偏偏要往煩惱堆裡鑽。」

丈夫說得有道理，一定是吵架了。丁怡安長長的嘆口氣，緊張的情緒是緩了下來，心裡仍然不安，她瞥丈夫一眼，看看鐘，輕輕的說：

「現在還早，我去一趟臺北，如果沒有事情，我明天一早回來……。」

夏中雲一詫，詫異的望著她：

「你發什麼神經病？三更半夜你去做什麼？」

「隨時有車，一下就到，到了我會叫計程……。」

夏中雲火氣剎那上升，大聲的說：

「我不准你去，你不想活我還不想死呢！半夜三更出了事情，倒楣的還是我。」

丈夫說得太難聽，丁怡安心中也冒火：

「你才發神經呢！去一趟臺北會有什麼事情？我只是去看看，沒事明天就回來。」

「不行，無論如何你也不能去，我已說過，如果她不向你道歉，我不准你理她。」

「你這是怎麼啦？老喜歡翻舊帳，事情過了就算了，還能真生氣？他們吵架已夠頭痛，難道我們也跟著起鬨？趁機作梗？做父母的也要有父母的樣子，他們不對我們可以當面罵他，罵過就算，怎能再耿耿於懷……。」

夏中雲冷笑一聲：

「呵，你現在倒是說得很響亮，你自己呢，氣得連飯都吃不下，整天不理我，跟我過不去。我那天是實在看不慣才教訓他們，一開口，你馬上就堵住我的嘴，我還敢罵他們嗎？」

「那天大家的情緒都很不好,特別是維川已夠心煩,你怎忍心再罵他？而且你說話也沒有重點，那些不相干的話說來做什麼？徒傷感情！」

「你這麼說就太莫名其妙，要等兒子情緒好才能罵他？要想到合情合理的話才能教訓兒子……？」

夏中雲看見太太這麼死心塌地的護著他們，心甚不平，忿然的瞪太太一眼：

「好，那天我罵的不是重點，我現在找些重點來罵給你聽聽，看你還會袒護他們不會……。」

「好啦，老爺，什麼事使你這麼激動？人都走光了你還有心情說這些廢話？我看你真是越老越糊塗，天下那有跟自己兒媳過不去的父母？」

「不是過不去而是不順氣，你把整個事情由頭到尾想一想，你就知道我說的話不是廢話。我們一生省吃儉用，把錢給了他們結婚買房子，我們有沒有享過一天兒媳的福？有沒有吃過一頓他們誠心誠意為我們弄的飯？有沒有喝過一杯他們恭恭敬敬為我們泡的茶？當初維川堅持要和蘭瑛結婚，說客家女人勤儉刻苦耐勞，結果呢？每次回來都像客人似的，仍舊是你累個半死。我們任勞任怨帶孫兒也都認了，到頭來落得今日這個光景？我們還指望兒子媳婦什麼？既然沒有指望，我們何必再去操心？」

丁怡安知道他又想起川兒沒有聽他的話娶他同學的女兒，這件事他一直不舒坦，對兒子也有了成見。她倒抽一口冷氣，幽幽的說：

「你怎麼又提起這些陳年舊事？我們的錢不給兒子給誰？我們存錢不是為了他們嗎？現在不給將來還不是要給？你為什麼老是放不開？再說蘭瑛結婚之初也時常到廚房來幫忙，是我不要她做，那一點點事情，我一下就做完，有人在身旁幫忙反而礙手礙腳，你又何必怪她呢？」

夏中雲頓了一會，嘆口氣：

「是他們太令我失望，我才後悔的，我覺得很不值得，我越想越……。」

丁怡安顫了一下，訝然的望著丈夫，他說話怎麼變得那麼涼薄？他變了，真的變了，變得好可怕，變得她惶然不知所措。

對孫兒不放心，對兒媳不安心，對丈夫有了憂慮。還以為到了享福之年，天天都心曠神怡，沒想到現在才是煩惱的開始呢！

這幾天，她反覆的也想了些事情，她覺得媳婦的任性可以原諒，因為川兒說她希望偉偉能在她身邊，希望每天都看得到兒子。是不是因為這樣才希望他們搬去住也不一定，不過，能這麼想已經是難能可貴，為什麼……。她瞥一眼盛怒中的丈夫，蒼然的說：

「蘭瑛的脾氣是固執了點，也很任性，不過她很愛偉偉，她的心思想用在偉偉身上。一個女人對孩子有愛心有耐心，才是最重要最可貴最值得珍惜的，否則再能幹也沒有用。現在很多年輕女人都缺乏這一點。川兒曾對我說她除了兒子六親不認，可見她非常愛偉偉。只要她全心全意的愛偉偉，其他的缺陷我都不在乎。她既然是我們的媳婦，關係永遠不會改變，我們就應該撇開她的短處，多想想她的長處，我們就可以容忍她了。今晚上去不成，不過明天一早我一定要去看看，否則我心難安。」

聽完太太的說話，夏中雲全身發冷，她的心思整個都給了兒媳和孫子，她可曾想到還有我這個老頭子的存在？

他極力抑制著內心的不滿，仍然想阻止她去臺北：

「你到的時候他們都上班了，家裡沒有人，你去找誰？」

「我有鑰匙，維川配了一支給我，我只是去看看偉偉而已。蘭瑛說帶偉偉的人家就在他們樓下，很方便。我到了臺北再打電話給他們。不管怎麼說我明天一定要去臺北看看，偉偉不在身邊，日子過得一點意思都沒有。」

「當初也是我們兩個人，維川在臺北，沒有他們，我們不是過得好好的嗎？怎麼現在突然會過得沒有意思了？你既然捨不得他們？你搬去住好了，我一個人可以過。」

夏中雲說完氣呼呼的掉頭回房裡去。

幾十年夫妻為兒孫的事而起齟齬傷和氣，實在很犯不上……。

丁怡安一個人在客廳裡暗自飲泣起來。

一大早，在丈夫的怒目中，丁怡安搭上第一班客運車趕去臺北，再轉計程車直奔兒子家，心急如焚的爬上四樓，掏出鎖匙。輕輕的打開門。開門處，黑暗中站著史蘭瑛，把他嚇了一跳：

「怎麼？你沒有去上班？」

「沒有。」

「為什麼？偉偉呢？」

「抱走了。」

媳婦的聲音瘖啞，她走到窗前，把窗簾拉開，陽光射入客廳，霎時光亮起來，她回過身來，驟然看見媳婦頭髮蓬亂，眼眶發黑，面頰瘦削發黃，怎麼幾日不見，忽然變成這副模樣？她一時嚇呆了，盯著媳婦好幾秒鐘：

「蘭瑛？你怎麼啦？你看你的樣子？怎麼會變成這個樣子？你病了嗎……？」

丁怡安話未說完，史蘭瑛已撲在沙發上痛哭起來。

昨晚，和婆婆通電話時，情不自禁的痛哭後，精神情緒都崩潰了。加上感冒生病、偉偉到了晚上照例不乖，把她弄得焦頭爛額，仍然是抱著兒子坐待天明。沒想到今早睜開眼睛，情形更嚴重，混身骨頭酸痛、眼睛冒火，連抱兒子站起來的力氣都沒有。她是太疲倦了，丈夫不回來，身心俱疲。今天又不能上班了，也不能帶偉偉。勉強撐起來，打了個電話給同事繼續請假，同時也打個電話給莫太太，請她來把偉偉抱走，她需要好好的睡一覺，希望睡一覺後情形會好轉，不那麼辛苦，明天她要上班，無論如何都不能再請假了，爬也要爬去上班，她這樣命令自己。

偉偉已經會認人，當他被莫太太抱走的時候，哭得發狂，作母親的心都給他哭碎了。本來早上他一向是最乖的，今天卻把史蘭瑛哭得五臟俱裂。幾天來兒子寸步不離，她已被磨折得有點不耐煩，兒子硬被抱走後她又神魂顛倒，更無法睡覺。丈夫不回來，她憂心如焚，獨自坐在客廳裡傷心，頭痛欲裂，感冒藥似乎沒有效。正當她無法自拔的時候，突然聽到有鎖匙開門的聲音，她一顫，誰會自動用鎖匙開門？一定是維川回來了，她心裡一陣慌亂，趕緊起來想回房去，不想進來的是婆婆，她心跳得更急促，面對婆婆，她感到有點尷尬，一時想不起該怎麼辦、愣住了，及至婆婆問她，看出她生病，她已心痛欲絕，萬分委屈不知從何訴起，只有倒在沙發裡哭泣。

丁怡安看媳婦不答話，只顧傷心的哭，心裡怔忡，小心的走到媳婦身旁，輕輕的摸摸她的額頭，驚訝的問：

「怎麼？你發燒了？你真的病了？」

史蘭瑛哭得更傷心，總算有人知道她生病。

「有沒有看醫生？」

史蘭瑛搖搖頭。

「病了怎不去看醫生，維川上班了嗎？怎不叫他先陪你去看醫生？」

聽見婆婆提起丈夫，她心臟一陣痙攣哭得更激動。

一定是吵架了，這兩個冤家。丁怡安嘆口氣：

「你生病不能再哭了，我來了一切我會和你作主，你先起來，我陪你去看醫生。還是打個電話叫維川回來陪你去一趟，他知道你發燒嗎？」

史蘭瑛又搖搖頭。

「為什麼不告訴他，他一向是粗心大意的人，你不說他怎麼會知道？就是吵架也不能拿自己身體開玩笑呀？」

這幾天史蘭瑛已哭了很多，哭夠了，隨手拿了件衣服擦了臉，疲倦的說：

「他根本沒有回來，我告訴誰？」

丁怡安聽不懂她的話，訝異的問：

「你說什麼，他根本沒有回來？」

「沒有回來就是沒有回來，他一直都沒有回來。」

「你是說他這幾天都沒有回來？」

「沒有。」

丁怡安開始緊張起來，惶然的瞪著媳婦：

「你在電話裡不是說他回來了嗎？為什麼要騙我？」

「……。」

「你這幾天都沒有去上班嗎？」

「沒有。」

「偉偉呢？送去幾天了？」

「今天才送去。」

「那麼這幾天都是你自己一個人帶嗎？」

「唔。」

「怪不得！你帶不住他，他很不乖是吧？」

「很不乖，尤其是晚上，吵得要命，每天晚上我都是抱著他坐到天亮。」

「一下都不能放？」

「不能放，一放就醒，一醒就鬧。」

「真造孽，難怪你累病了，偉偉晚上會認床，他一定要睡自己的小床，你只要把奶嘴塞到他嘴裡，給他一個小枕頭抱著，他很快就會睡著的。你在家裡不是這樣帶的嗎？怎麼忘了？沒有小床也要給他奶嘴，你一定沒有買給他，他才睡不安。」

史蘭瑛不再說話，她沒有想到這就是偉偉睡不安的原因，原來婆婆早知道了，她怎會知道的？

丁怡安瞧著媳婦一臉困頓憔悴，又想起兒子幾日未回，心中好比滾油煎。她焦急的問媳婦：

「你知道維川去那裡嗎？」

「一定在小王家打牌。」

小王？那個塊頭大、很有禮貌，來過家裡好幾次，大家都喜歡他的小王？想起他來了：

「維川打電話告訴你在他家嗎？」

「沒有。」

「你打電話去問的嗎？」

「沒有。」

「沒有？沒有你怎能那麼肯定？不管怎麼樣你也該找他回來呀？那麼……。」

丁怡安瞧著媳婦滿面愁苦，又飲泣起來，不忍心再追問，兒子不回來，九成去打幾日牌，她心裡也感到很抱歉，關切轉過話說：

「你吃過早飯了嗎？」

早飯？使蘭瑛忘了什麼叫早飯了，反正餓透了就吃點東西，狗叫煩了就給它點東西吃。她赧然的搖搖頭：

「不想吃。」

「不想吃？不想吃也得吃呀！晚上又睡不好，鐵打的人也撐不住呀？我到廚房去看看……。」

廚房裡散落的速食麵袋、咬過的麵包、幾個未洗的碗筷，碗裡裝著吃了幾口的速食麵，到處凌亂不堪入目。沒有乾麵條、沒有雞蛋，冰箱裡空空如也。丁怡安嘆口氣，心裡十分沉重。好在還有點米，她迅速的煮下稀飯，又匆匆的回到客廳：

「我煮下稀飯了，你把小王的電話給我，維川辦公室的電話也要，我去找他回來，幾天不回家，太不像話……。」

婆婆的突然出現，史蘭瑛如獲救兵，心裡雖然傷感，但孤獨、恐懼的心安定了下來。她順從的找出電話簿交給婆婆，淒聲的對婆婆說：

「媽，先把偉偉抱回來，剛才抱走他的時候他哭得好厲害，他不肯跟她……。」

一聽孫兒哭得厲害，丁怡安的心臟頓時一抽，轉身就往外走：

「在幾樓幾號？我這就去抱他回來。」

「不在這一樓，要轉兩條巷，我和你一塊去……。」

史蘭瑛像注射了強心針，精神一下振奮。她站起來，雖然暈眩，仍然撐得住。她沒有理會婆婆的阻止，入房去梳梳頭髮，披了件外套，步履輕浮的鎖上門，和婆婆一塊來到莫家。

還未按門鈴已經聽到偉偉的哭聲，婆媳倆同時都像觸電似的驚惶，史蘭瑛伸出發抖的手猛按門鈴。門開處，只見偉偉躺在客廳小床上乾嚎，整個臉都哭腫了，鼻涕糊了一臉。史蘭瑛衝上去一把抱起兒子，摟在懷裡又親又拍，自己也淚流滿面。

丁怡安心痛的伸手拍拍孫兒，一邊拍一邊呵呵的哄著，偉偉像是聽出聲音，忽然扭轉身撲向祖母，分別幾日的祖孫緊摟在一塊，哭聲倏然停止。過了一會，偉偉掙開祖母緊抱的雙手，眼睛直瞪著祖母的臉，看了一會，竟然咧開小嘴笑起來，笑一會又把頭貼在祖母胸前，十分滿足的樣子。丁怡安心裡又癢又痲，早已淚流滿面。

史蘭瑛看在眼裡，雖然有點酸澀，但還是欣慰的多。

忽然，她對莫太太大聲咆哮起來：

「你這是怎麼帶人的？你為什麼讓他哭？你為什麼不把他抱起來……？」

莫太太有多年帶孩子的經驗，她認為孩子哭哭沒有關係，哭累了就會睡，餓極了就會吃。她已習慣了聽孩子的哭聲。今早她把夏家的孩子抱回來，原以為哭一會就會安靜，沒想到這小子夠固執，哭了兩個小時還不停，怎麼哄都不行，沒奈何，乾脆往床上一擱，讓他哭個夠。同時把他推到客廳角落裡，免得吵了其他的孩子。她還有好多事情要做呢？她萬沒想到孩子的母親會突然闖來，心裡有點尷尬，表情很不自然，及至聽到夏太太兇巴巴的訓她，她也不甘示弱，反唇相斥：

「你怎麼知道我沒有抱他？由你家回來我就沒有停過抱他哄他，他就是要哭，我有什麼辦法？」

「沒有辦法就不要答應和人家帶孩子，把人家的孩子拿來糟塌，真是豈有此理。」

「喂？你說話好聽一點，誰糟塌了人家的孩子？」

「還說沒有？你看我的孩子來了還不到半天，你就把他折磨成這個樣子……。」

「你說話別信口雌黃，孩子還沒有習慣環境，當然會哭幾天，你不相信把他放回小床，再哭一會就會睡著，幾天過後他就會和其他孩子一樣適應，有什麼好緊張的……。」

「不是你的孩子你當然不緊張，你們簡直……。」

「蘭瑛，好了，我們不是來吵架的，我們先把孩子抱回家再說……。」

突發的事情太多，丁怡安的頭早暈了，只是硬撐著，好在她尚能鎮定。雖然她也很不滿意這位太太帶孩子的方法態度，但也不滿意媳婦說話的不留餘地，凡事應該問清楚再責備，怎麼一開口就罵，難怪別人老羞成怒了。她不希望把事情弄砸，心裡也萬分不悅的看著莫太太：

「我媳婦生病，心情比較急躁，你莫見怪。我們先把孩子抱回去，一切問題我們以後再商量，好嗎？打擾你了。」

丁怡安只想快些回去，說完拉著媳婦往外走。

忽然房間裡傳出嬰兒的哭聲，史蘭瑛好奇的循聲音找去，驚然看見房間地板上有兩個孩子在玩，床上睡著個嬰兒，她訝然的問一旁疊尿布的老太太，猜想她一定是莫太太的婆婆：

「你們不是說只有一個女孩嗎？怎麼會有這麼多孩子？」

老太太沒有反應，史蘭瑛生氣的大聲斥問她：

「我問你話你為什麼不答應？你是聾子不成？」

「她不是聾子，她只是聽不見別人說話而已，她是我婆婆，你對她說話最好客氣點……。」

莫太太黑著臉站在身旁，倒把史蘭瑛嚇了一跳：

「……我帶了三個孩子，有時還會更多，因為怕你們不放心把孩子交給我，所以才沒有把實情告訴你們，反正這種事你們知道了也無妨，你如果不放心，懷疑我帶不了，儘管把孩子抱回去，請便。」

史蘭瑛愕然的瞪著她，很久才警覺過來：

「呵哈，怪不得你不在乎孩子哭，原來你家有聾子，你讓一個聽不見的老太婆幫你帶孩子，你還好意思叫我放心？真是豈有此理？好在皇天有眼給我發覺到，否則我的孩子不給你折磨死才怪。」

儘管這家人有問題，也不宜用這麼魯莽的語氣態度說話，丁怡安又想勸說幾句，媳婦已怒沖沖的抱過兒子逕自走出去。她只好歉然的向莫太太苦笑笑、點點頭，悵然的離開莫家。

為了緩和媳婦的情緒，她帶笑的問媳婦：

「你是怎麼找到這家的？」

「看電線桿的紅條子找到的。」

「我還以為你們是鄰居早就認識了的？請人帶孩子一定要熟人介紹，不能靠招貼廣告的。」

「你不知道多氣人，我已經找了好幾家，都是只帶新生嬰兒，像偉偉這麼大的他們都說不帶……。」

丁怡安看媳婦越走越慢，連說話都在喘氣，她接過孫兒，很想教訓她幾句，這就是你任性的結果，看你以後還敢不敢任性了？不過她嘴裡卻不是這樣說，她只想開導她：

「當然啦，新生嬰兒什麼都不懂，當然容易帶啦！我們偉偉精得很呢，你這個做媽媽的尚且帶不住，你說他怎麼肯跟人家？也難怪他們奈何他不得……。」

丁怡安低頭看一眼懷裡安詳的孩子，有點自得，更有無限的安慰。婆媳倆一路嘀咕著，發生過的芥蒂似乎都煙消雲散了。

她們在巷口一家雜貨店買了些麵條、蛋、肉鬆、醬瓜之類的東西，回到家裡，丁怡安感到由背脊一直痠到大腿，她知道媳婦一定更累，因此她不敢休息，輕輕的把孫兒暫時放在沙發上，用命令似的口吻對媳婦說：

「你現在什麼都不要管，稀飯已經煮好，你去吃一碗，吃得越多越好，吃完回房關上門好好睡一覺，什麼都不要想，儘管安心去睡，能睡多久就睡多久，這裡一切有我，去吧！」

史蘭瑛的確又累又餓，但又不想吃東西，原本好想吃的稀飯，吃在嘴裡竟然感到嘴巴好苦，她有點吃驚，不知道自己到底生了什麼病？心裡一陣焦急，想到維川幾日不回來，連電話都不來一個，實在可惡。一激動，更難下咽，勉強吃了一碗，胃裡舒服多了。

丁怡安看她吃完，又催她去睡覺。史蘭瑛心事重重的望著婆婆，欲言又止，想了一會，才吞吞吐吐的說：

「維川他……。」

「我知道，你只管安心去睡覺，一切有我，去睡吧！把門關上，偉偉醒來也吵不到你。」

史蘭瑛原本想說維川不回來算了，不必打電話勉強他回來，沒有他我一樣可以過活，我不求他回來……。沒想到話剛出口婆婆就把她堵住。婆婆自來到後沒有半句對她責備之言，她怎忍心再對婆婆說氣話？只好含著兩顆欲墜的眼淚，默然回房裡。

媳婦一關上房門，丁怡安馬上拿起剛才蘭瑛給她的電話簿撥電話，她首先要打給王家，她要確知兒子是否在他家裡。接通電話，傳來的是操廣東口音的老婦人的聲音，她心裡有點奇怪，謹慎的問：

「喂？請問是王家嗎……請問有一位叫王振中的在家嗎……噢……上班去了……我是他同學夏維川的母親……對對……我想知道維川這幾天在不在這裡……噢……來住過兩晚……昨天沒有來……好的……沒有什麼事……是的……我剛由臺中來……沒有事……的……打擾你了……好的……謝謝你。」

放下電話，丁怡安心臟卜卜跳，維川昨晚不在王家，他到那裡去了？奇怪？趕快又撥個電話去他辦公的地方問問，看他這兩天有沒有去上班？

她渾身發軟，手抖得很厲害，電話撥通了，她緊張的問：

「……我找一位叫夏維川的聽電話……你幫我去叫……謝謝你……什麼……出差去了……什麼時候去的……不知道……好的……麻煩你……昨天……請問什麼時候回來……要去兩三天……到高雄去……好的……我是他母親……對……我是剛由臺中來……好的……麻煩你了……謝謝。」

丁怡安總算舒了口氣，心裡不覺又罵起來，這個混球，出差也不說一聲，害我們乾著急，可惡。奇怪，他出差怎麼不回來拿些盥洗的東西？去兩三天也該帶些換洗的內衣褲，這個糊塗蟲，和蘭瑛生氣也不能悶聲不響的一走了之！怎麼能放老婆兒子不管，那麼不負責任，太不像話，回來一定要好好罵他一頓。

知道了兒子的下落，雖然仍不放心，但已不再擔心了。

忽然，她感到好疲倦、好空虛，靠在椅子上，閉上眼睛，長長的呼了一口氣，悠悠然的，感到自己和身體有點想分離的感覺，她連忙驚醒，趕快睜開眼睛。她知道自己是太疲倦了，昨晚，她何嘗睡得好？今早到現在，她何嘗吃過東西？現在不能休息，要做的事太多，趁孫兒未醒，趕快做些事情，想到這裡，勉強又打起精神。先吃碗稀飯，吃飽才有精神做事，她提醒自己。

整理房子對丁怡安來說是輕而易舉的事，轉眼功夫，客廳廚房已收拾得井然有序，剛才趁媳婦在廚房裡吃稀飯的時候，已把她房間收拾了一下，一大堆要洗的衣服都清了出來。偉偉這一覺睡得很長，讓她能把事情大致都做好。當她正想坐下來休息一會的時候，偉偉一個翻身，醒了。他趴著抬起頭，睜著一雙大眼直盯著奶奶看，繼而坐起來，咧著嘴對著她笑，把她的心都笑融化了。她心肝寶貝的摟著孫兒親了又親，直親得孫兒格格的笑，祖孫倆又沉浸在往日的快樂裡。

直到黃昏時分，史蘭瑛才悠悠醒來，她躺在床上，感到混身發軟，軟得癢癢的好舒服，她伸了個懶腰，在床上又躺了一會，讓空白的腦袋慢慢填滿，這才想起兒子在哭，想起丈夫幾天未回，才想起婆婆突然到來。她一驚，趕緊下床打開房門，客廳靜悄悄，趕緊轉到廚房，仍然看不見婆婆和兒子，心裡一陣驚悸，糟糕，婆婆走了，把偉偉也帶走了。她全身震慄，這該如何是好？她為什麼要這樣做？她怎麼敢……？忽然感到天旋地轉，正當她慌亂已極的時候，聽見雜物間有聲音，還以為是老鼠，躡手躡足推開房門，看見兒子在床上酣睡，婆婆在整理書報雜物。過份的驚喜，反而把她嚇了一跳，眼淚瞬間潸潸而下。

丁怡安一眼瞥見媳婦的神情，也嚇了一跳：

「怎麼？蘭瑛！你還在發燒嗎？你那裡不舒服？」

史蘭瑛的情緒仍然沒有恢復，很容易又激動起來。她沒有答話，轉身跑回自己的房裡，她要努力使自己鎮靜，只是她辦不到。當婆婆追到她房間，一再追問她那裡不舒服？為什麼哭的時候，她已經無法掩飾了，只好訕訕然的哭著說：

「我不知道你在房間，我以為你走了，把偉偉也抱走了，我以為……？」

丁怡安恍然大悟，心裡也覺淒酸，她靄然的坐在媳婦身旁，輕輕的拍拍她的手背：

「媽不會這樣做的，你放心好了，就算媽要帶偉偉回去臺中，也要先和你商量好才行，媽不會一聲不響說走就走的。再說媽這兩天也不會走，我要等維川回來。對了，剛才我打電話到維川辦公處，原來他出差到高雄去了，你看他這人多糊塗，走那麼多天也不回來拿東西，也不打個電話回來說一聲，真是急昏了頭，回來我得要好好的教訓他一頓才行。要他知道……。」

丁怡安說到這裡，忽然想起兒子說要跟媳婦離婚的混帳話，又想起他那天追到臺北居然不回家的荒謬行為，心裡的確生氣，她說要教訓兒子，也是希望媳婦的氣順一點。不過她只含糊的告訴媳婦維川出差去了，至於在王家住兩晚的事，她不想提起，因為媳婦已經成竹在胸認定他在王家打牌了，何必再增加她的不悅，這麼看來，媳婦雖然不講理，兒子也相當任性混帳，難怪他們時常吵架，唉，真是冤家。

這怎麼辦？一時想不起該怎麼說下去才好？當她正感到困惑時，忽然聽到孫兒的哭聲，偉偉醒了，她匆忙往偉偉睡的房間跑去。

史蘭瑛留心聽著婆婆的述說，心裡不太相信，維川出差去了？不可能這麼巧？不知道婆婆在搞什麼鬼把戲？莫非是串通好整我？對，一定是串通好整我。她把兒子藏到那裡去了？我不怕，叫他永遠都不要回來，他以為我會焦急？笑話！婆婆說她這兩天不走，這就好，明天到辦公室問那裡有帶孩子的人家，要靠得住的人家。我不會讓偉偉回臺中，我絕不讓婆婆把偉偉帶回臺中……。她心思一下又混亂起來。明天去上班，問題總會解決，千萬不能讓婆婆看出心意，她警惕著自己……。想到這裡，心境反而開朗起來。主要是她已睡足，頭也不痛了。

剛剛聽見兒子哭，怎麼現在又安靜了？換件衣服再說，衣服呢？衣服不見了？很多衣服都不見了，今早脫在這裡的白衣服呢？這幾天換下來的衣服呢？奇怪，房間整整齊齊，是婆婆收拾過了，婆婆什麼時候收拾的？剛才我睡得那麼死嗎？奇怪？

史蘭瑛滿腹狐疑的走到客廳，發覺到處整整齊齊，特別是到後面陽台收衣服的時候，經過廚房，更是乾淨得令人難以置信，小小的陽台掛滿衣服尿布，她忽然又有點過意不去，讓婆婆看到這麼亂糟糟的家，實在慚愧。

她把衣服收回客廳，婆婆在逗著偉偉，她愧然的瞥婆婆一眼，細聲的說：

「媽媽洗這麼多衣服，我睡醒會洗的。」

「這點衣服算什麼？從前維川一個人在臺北，每次回來就是一大包衣服被單臭襪子，現在有洗衣機，洗衣服根本不費事。我怕你沒衣服換，趁著有太陽，所以趕快洗掉算了。」

面對婆婆那一臉慈祥的笑容，她也不知道該說什麼好。

丁怡安不知道她剛才的心思，越來越覺得媳婦的心地良善，維川不回來她還代他掩飾，騙我說他回家了，真是難得。她關懷的望著媳婦那張清瘦的臉頰，關切的問：

「你的頭還痛不痛？還有發燒嗎？」

「不痛了，也不燒了。」

「我就知道你完全是睡眠不足，累出來的，你只要把這幾天的睡眠補足，多吃些東西，很快就會復元。對了，你還沒有吃午飯呢，我中午煎了兩個荷包蛋下了碗麵條，看你睡得很好，所以沒有叫你，餓了吧？我去熱一下給你吃。」

「我現在還不想吃，等一會再說。」

「你明天要上班嗎？」

「當然要上班，再請假就不好意思。」

「要帶便當嗎？如果要帶我去煮點飯，否則早上的稀飯，還有碗麵條，夠我們兩人吃了。」

史蘭瑛一聽很愕然，這個時候婆婆還有心情想到便當這上頭來？實在叫人難以相信自己的耳朵。她停了一會，帶點愧然的說：

「不帶了，時間夠我趕回來吃，否則我在外頭隨便吃點算了，不要麻煩。」

「趕回來吃太累，我好像聽你說過中午要帶便當的，煮飯不麻煩，就是沒有什麼菜，要帶也只能帶蛋炒飯。蛋炒飯上面舖肉鬆也很好吃，川兒從前也很喜歡這樣吃，你明天試試看。」

史蘭瑛心裡很感動，不過她的確不想帶便當，明天中午可能要去找帶孩子的人家，趁婆婆這兩天在家，把這件事辦妥才能安心。不過，如果能把婆婆留下來，那才真正叫人安心哩！她瞥婆婆一眼，也許這件事不會困難，反正婆婆現在已經在這裡了，要留住她，相信不會太難……。

丁怡安沒有想到這方面，她心裡已有打算，等維川回來，好好的訓他一頓，等他們夫妻正常了，她還是帶偉偉回家，這樣大家都安心。

想到今天清晨她來臺北的時候，憂心忡忡，不知發生了什麼嚴重的事情？也好在她決定來一趟，否則這裡發生的事情，真不知會變成怎麼個結局？現在總算有了眉目，看來事情就是這樣決定了……。

吃完晚飯後，偉偉也洗了澡，一切都似乎很正常，離睡覺尚早，偉偉卻無論如何也不肯讓他母親抱，只要蘭瑛伸出手，他就把頭埋在奶奶懷裡，連看都不看母親一眼，蘭瑛看兒子不要她，心裡很不是滋味，一下又傷感起來，千辛萬苦，一切都是為了兒子，兒子卻不要她，心裡好蒼涼。

丁怡安看出媳婦的表情落寞，怕她又鑽牛角尖，於是勸慰著說：

「這麼小的娃兒也知道現實，我如果沒有奶嘴，他還不是不理我。」

「我以前每星期回去，也不給他奶嘴，他為什麼肯跟我？」

「那是因為在他熟識的房間，有睡慣的小床，而且，經常也是我哄他睡著了，你才帶他的呀？所以說孩子轉換環境不要太勉強，儘量保持他原來的方式習慣，慢慢來，讓他一點一點的適應，才不會把事情弄僵。像莫家那種方法就不行，會嚇壞孩子的。可憐的偉偉，這幾天真難為他了。」

丁怡安傷感的拍著懷裡的孫兒，聲音也瘖啞了。

孫兒已經睡著，她正想抱他回房去，忽然電話鈴聲響起來，把這對傷感中的婆媳同時下了一跳。

丁怡安馬上醒悟過來，急促的對媳婦說：

「一定是爸爸的電話，糟糕，你看我真是忙昏了頭，我竟然忘了給他電話，我答應今天回去的，糟糕，你趕快告訴爸爸，說我過兩天才回去……。」

丁怡安嘮嘮叨叨，史蘭瑛已拿起電話，她以為是維川打來的，是維川在高雄打來的。如果是他，一定不饒他。她心裡也在嘮叨著。

對方傳來陌生的聲音，史蘭瑛一怔：

「……什麼？……我不是伯母……你是王振中……唔……我是蘭瑛……我婆婆上午來的……誰說我回娘家……維川還說什麼……他現在還在你家嗎……沒有……不知道……唔……不知道……唔。」

史蘭瑛用力放下電話，怒目瞪著婆婆：

「你為什麼騙我？你為什麼說維川去了高雄？」

丁怡安一頭霧水，訝然的望著媳婦：

「誰說我騙你？我上午打電話到他辦公室，是他同事告訴我的，你不信打電話去問問他同事，他的同事總有你認識的吧？你現在就打去問問看。」

「你少裝，我就知道你們串通好來騙我，哼，明明維川在王家，你還要裝出一副驚訝的樣子，鬼才相信。」

剎那間，丁怡安也糊塗了，莫非維川真的還在王家。不會吧？是他母親親口告訴我的，難道維川真的還在那裡？為什麼？

丁怡安在沉思，史蘭瑛看婆婆不說話，火氣更大，走過去想抱回兒子：

「把兒子還給我，我們的事你以後少管。」

丁怡安被媳婦的無禮激怒了，她忽然怒喝一聲：

「蘭瑛，你太過分了，什麼事你不先問清楚就責備人……？」

「問清楚？王振中的話會假嗎？他說維川住在他家，還說叫我放心，他沒有叫他打牌，哼，如果你們不是串通好整我？他怎麼會一開口就叫伯母？」

丁怡安自覺理虧了，不該瞞她的。她嘆口氣，肝火降了下來，幽幽的說：

「也該怪我就是了，上午我是先打電話到王家，想問問維川有沒有在他家。是他母親接的電話，我才知道星期天維川沒有回來，在他家住了兩天，昨天沒有去，於是我趕快打電話去他辦公的地方，他們說他昨天出差去了。我是想多一事不如少一事，免得你生氣，所以沒有說他在王家的事，等他由高雄回來，我再責備他。既然現在振中這麼說，也許他還在王家也不一定？你打個電話去問清楚再說，我也希望知道詳細情形……。」

「剛才我已經問過了，他不在王家。」

「既然不在王家，你打電話去問問他同事，看看是不是真的出差了？我們需要了解真相。」

婆婆誠懇的語調令她慚愧，史蘭瑛也覺得是不該這麼衝動的。不過她認為自己已經受騙，十分不甘心，頹然的坐在沙發上賭氣。

丁怡安看她不說話，也不去打電話，不知她又在想什麼？對這個媳婦，她一向都容忍慣了，罵她也只不過希望她冷靜而已。她脾氣太壞、太急躁，不知如何才能改變她。她仍然溫言的問媳婦：

「你不打電話去問清楚嗎？」

「不必了，問了也是多餘。」

丁怡安知道她有成見，於是耐心的向她解釋：

「你想想，媽媽騙你做什麼？你只是任性而已，我會幼稚得和川兒聯合起來整你嗎？整你什麼呢？有必要嗎？如果有必要，應該是我和你合起來整維川才對。是他混蛋，夫妻吵架，他居然不回家，真是豈有此理！記得星期天晚上我打電話問你，他回來了沒有，你為什麼告訴我說他回來了呢？可見你也是騙我。這種騙能生氣嗎？如果那天你說了實話，或是第二天你告訴我他沒有回來，我馬上趕來，他也不致那麼大膽荒唐，可見你也有錯，對吧？你只要知道自己有錯，你就不會怪媽媽騙你了。」

史蘭瑛沒料到婆婆會提起這件事情，沒料到婆婆會用這語氣態度對她說話，她愕然也後悔，那天是不該賭氣撒謊的。要告訴婆婆實話，讓婆婆知道她寶貝兒子的德行，這幾天我在家裡受苦受難，他卻逍遙自在去打牌，什麼都不管，現在又說去出差，哼！真是便宜了他。剛才婆婆說合起來對付他，不知道是怎麼個對付法？是真心還是假意？她偷偷的瞥婆婆一眼，想在婆婆的臉上找出答案來——

丁怡安看媳婦不說話，以為媳婦有所感動，心中正有點安慰，忽然看見媳婦霍然站起，面色驟變：

「我現在就去王振中家，看看他在不在他那裡，如果他騙我，我就和他離婚。」

笑意還未爬上臉龐，又被媳婦當頭轟了一記。丁怡安昏昏然的瞪著媳婦：

「什麼？離婚？胡說，誰准你說這些荒唐話？」

史蘭瑛昂起頭，一副傲不可馴的神態：

「你親眼看到的，是他先不要我和偉偉，我何必忍受他這份窩囊氣？」

處處為媳婦著想，事事順著媳婦，到頭來媳婦仍用這種態度對她說話，丁怡安忍無可忍，把臉一沉，厲聲的說：

「蘭瑛，你如果堅持要鬧，你現在去王家，我馬上回臺中，從此以後我不再管你們的事，你們也不必再回來。否則，你和我好好坐著，我有話和你說。」

婆婆從未有過的嚴厲，把史蘭瑛懾住，她怯然的看著婆婆，茫然的坐回去。

媳婦聽話，丁怡安稍感滿意，血壓又緩緩的降下去。她長長的嘆口氣，緩和一下情緒，才把該說的話想出來：

「蘭瑛，打從你和維川結婚那天開始，我就把你當成維川的一部分，所以，在我心裡，我把你當成自己的骨肉一樣，這一點，不知道你體會出來了沒有？你要能體會，我們才好說話……。」

丁怡安說到這裡，眼光正好與媳婦異樣的眼神相遇，知道她在注意的聽，於是繼續說下去：

「……其實，我早就該說說你，你的脾氣太壞，不管任何人、任何事，只要不順你心，你就馬上翻臉，像你這種翻臉無情的態度，令人難以忍受，得罪了所有的親戚朋友，像上午你在莫家說話的態度，就令她下不了台，也讓自己沒有轉圜的餘地。萬一偉偉仍然需要她帶，你怎麼開口說呢？所以，你現在貿然去王家，如果維川真在他家，你這麼一鬧……？」

史蘭瑛忽然提高聲音，不屑的怪笑一聲：

「咦？奇怪了，明明是你自己說要對付他，現在又說我要鬧，說我反覆無情，真是好笑。」

丁怡安看著媳婦說話的神態，好失望，不覺傷心的搖搖頭：

「……這一點你又錯了，現在只有我們兩個人，我們應該平心靜氣來討論事情，不是來逞口舌之能，或逞一時之快，你這種心態很要不得，完全否定別人的好心，完全不相信別人有好意，任何人你都把他當做敵人，這種思想太危險……。」

丁怡安停下來，看見媳婦低著頭，把衣角用力扭成一條，問她：

「你這是做什麼？生氣嗎？」

「沒有。」

「你想不想聽我說話？」

史蘭瑛過了很久才說：

「想。」

「想就好好聽著，你這種壞脾氣壞習慣不改，你永遠不會有快樂。你已經不是小孩子，說話要負責任的，你說話之前為什麼不先想一想說出來的話會不會得罪人？會不會傷害人？你不論和任何人說話，從不注意說話的禮貌，而且還專橫霸道；難道你在家裡也這麼不講理？你父母難道沒有教導過你要注意禮貌嗎？」

史蘭瑛一怔，忽然怒瞪著婆婆，想說什麼，很快的又低下頭。

丁怡安沒有理會她，繼續說：

「做人要厚道，凡事多為別人想，就算自己有理，罵人也不要盡撿難聽的說，做個女人，最緊要是積口德，否則儘管心地良善，但嘴巴不饒人，也是枉然。說話要留點底，你讓別人過得去，萬一自己有錯，別人也會讓你過得去的，知道嗎？還有，如果你對朋友霸道不講理，別人頂多疏遠你，不和你往來。但是如果是你的親人疏遠你、不理你，那你就悲哀了，註定一輩子孤單寂寞。一個人若得不到親人的祝福關懷，活著有什麼意思？所以，我希望你記住我剛才說的話，做一個胸襟開朗的人，不要再任性了。」

丁怡安把積在心裡的話一下傾吐出來，她已經不在乎媳婦的反應。事情到了現在，她沒有半句責備她的話，她仍不知足不認錯，所以她不再容忍，也不再顧忌了。

史蘭瑛已經被婆婆的話所感，已有悔意。當她聽到婆婆說會被親人疏遠，一輩子註定孤單寂寞的話時，心裡一慟，她的母親、她的親人，就是被她頂撞而賭氣，很久都不來往了……。

她開始不安又慚愧，心裡激動，因有生以來從沒有人這麼親切誠懇的關懷她，對她說這種話。她個性好強，從小就喜歡和家人爭執，養成她有理不饒人的脾氣，處處得罪人，到頭來果真應了剛才婆婆說的話，沒有親人祝福關懷，現在連丈夫也跑了，如何是好？她瞥一眼婆婆，心裡好難過，她不知道自己怎麼會犯下這種錯誤，怎麼會把事情弄得這麼糟，她越想越傷心，忽然伏在沙發扶手上痛哭起來。

丁怡安莫名其妙的看著她：

「蘭瑛，我只是勸勸你要改脾氣，又沒罵你，你哭什麼呢？哭不能解決問題的，我說你脾氣壞沒有說錯吧？否則今天不會鬧到這個地步。你那天如果不那麼衝動把偉偉抱走，使得維川下不了台，他也不會生那麼大的氣。他的脾氣我清楚，他不會隨便和人爭執的，如果不是氣極，他也不會這麼胡來。」

已經有悔意的史蘭瑛，一聽婆婆提起那天的事情，思想馬上又混亂起來，她滿面淚痕的抬起頭，十分不甘心的看著婆婆：

「我承認我脾氣壞，那也是給他氣的。他那天本來就不想回臺中，說已和小王約好去打牌。他只要有牌打，一切都不管，連兒子都可以不要。」

丁怡安一怔，眉頭緊蹙，疑惑的盯著媳婦：

「真的嗎？他時常都去打牌嗎？」

「反正他們一叫他就去。」

「每天都去嗎？」

「那倒沒有。」

「一星期一次嗎？」

「也沒有。」

「一個月一次嗎？」

「我沒有算，反正時常會打就是。」

丁怡安不再說話，她心裡已有數。

孫兒在她懷裡睡得好甜，她感到手臂有點痲，大腿也被壓痠了。她把孫兒換一個姿勢抱，把腿伸直舒展一下。長長的舒口氣，剛才聽媳婦的口氣，好像兒子已沉迷在牌桌上，害她緊張一場。現在才藹然的對媳婦說：

「蘭瑛，不是我袒護兒子，你管他也管得過分了，你總要為他設想一下，他是個男人，難免會有點嗜好，我就知道他打牌不會上癮，和他爸爸一樣，純粹是為了熱鬧，想和朋友聚聚而已。你想想，你們結婚兩年多了，他打過幾次牌呢？你怎能說他只要有牌就什麼都不管了呢？天天上班的人，生活難免單調，偶而找點消遣也是應該的，你是他太太，應該了解他，同情他才對。」

「他上班我還不是要上班？他要消遣，我呢？」

「你也可以找點自己喜歡的消遣呀！他該不會……。」

「消遣？講得好聽，我只想多抱抱兒子都難，我每天辛勤的工作，省吃儉用，只想趕快把房子的貸款還清，每天能看得到兒子，我就心滿意足了。我心裡好急，他卻若無其事的還要找消遣。每星期回去看兒子他都心不甘情不願的盡找些理由來推拖，好像房子是我一個人住的，兒子是我一個人養的，我都快被他氣瘋了，他還賭氣不回來。不回來拉倒，房子我照樣會供，兒子我會賺錢養，不回來拉倒。」

史蘭瑛越說越傷心，不覺又哭起來。

對著這個冥頑不靈的媳婦，丁怡安深覺頭痛。不過，媳婦的心境也值得同情，她這麼重視兒子很值得安慰，現在很多年輕女人，只顧自己吃喝玩樂追求時髦，那有心思放在孩子身上。只是，唉！看來除了耐心繼續開導她，別無他法：

「蘭瑛，你不要再哭了，眼睛哭腫了你明天怎麼上班？我剛才對你說的話都白說了？你一點都不改變，你難道真的不在乎他回不回來嗎？鬥氣的話說來做什麼？尤其是離婚之類的話就更不能說，那是傷天害理的話呀。君子絕交尚且不出惡言，夫妻吵架更應該留情留餘地，否則有了裂痕，將來會遺憾終身的。」

史蘭瑛用衣角擦眼淚，一臉淒苦的望著婆婆：

「那你叫我怎麼辦？」

「你先要心平氣和，這樣哭哭啼啼，動不動又生氣，我怎麼說呢？」

「……。」

「我先問你一句話，你到底愛不愛維川？」

「不愛我會嫁給他？」

「我是說現在，現在你們吵了架，聽說你們經常吵架，你還愛他嗎？還可能跟他一塊生活下去嗎？」

婆婆問得奇怪，史蘭瑛猶豫了一會：

「那要看他的表現，他保證不再惹我生氣，我們才能在一塊。」

「生氣的事很難說，有些人容易生氣，有些人就不輕易生氣，那是看各人的修養，也是各人的習慣，不過無論如何，容易生氣的人都是自尋煩惱的多，你如果願意虛心的檢討一下自己，承認是自己的脾氣壞才把事情弄得這麼糟，以後能遇事先為別人設想，不再盲目自私的亂責備人，我也規誡維川，不准他再有這種行為發生，那麼，你們之間的問題才容易解決。」

丁怡安的話完全合情合理，但史蘭瑛並不服氣，她一肚子委屈，覺得婆婆說話何嘗不霸道，事情會變得這麼糟，怎能要她獨自負責，怎能……。

她不以為然地瞥婆婆一眼：

「你只會怪我自私，說我不為別人設想，你們呢？你們還不是一樣，事情變成這個樣子，你們才該負責……。」

丁怡安十分驚訝，愕然的看著媳婦：

「這話怎麼講？」

「怎麼講？爸爸已經不上班，為什麼不搬來一塊住？也省得我們每星期來去匆匆的往臺中跑，維川如果不必每星期去看兒子，我們也不會常常為這件事情吵架。」

媳婦說出心底的話，丁怡安很感意外，有點啼笑皆非。

她又長長的嘆口氣：

「我們何嘗不想搬來住？天底下那有兒孫福不享，寧願自己孤獨的父母？問題就在你們身上。爸爸的脾氣你們應該知道，他認為受尊重比物質享受更重要。可惜你們現在年輕人很少重視這些，對父母說話一點禮貌都沒有，只知道有沒有利用的價值？根本沒有純粹盡孝的心意，所以，也難怪爸爸有這種想法。像剛才你所說的，還不是為你自己著想？你只想到你自己方便，有沒有想到我們搬來住快樂不快樂呢……。」

丁怡安一邊說眼睛卻盯著媳婦的表情，看她感到很不自然，內心一定在激動，既然是她自己提出來，就讓她知道問題的真相好了，大家能夠坦誠，才有助問題的解決，她不再猶豫：

「……就拿這次的事來說，你回來一聽到偉偉生病，表現的那種惡劣態度，就令人難以忍受。你責備我帶偉偉出去，你質問我偉偉生病為什麼不通知你，你怪我沒有得到你的同意就帶他去看醫生，埋怨我隨便給他打針。一連串的責難，就沒有聽見你問偉偉的病情，沒問我這幾天帶得辛苦不辛苦，花了多少錢，一切你應該問的你都不問，就只會怪人。孫兒生病難道我不著急？心痛？你口口聲聲說偉偉可憐，好像是我們故意害他的，你叫我們怎不灰心？如果今天換過你是我，你會怎麼想？爸爸就是因為看不慣你的惡劣態度，才叫我不要再帶偉偉的。現在孩子還小，又只有一個，將來問題還多著呢！像這種情形，我們能搬來一塊住嗎？能住得愉快嗎？你倒說說看呢！」

史蘭瑛如在夢中，她怎麼都沒有想到自己曾傷害過公公婆婆，還傷得那麼嚴重，她感到慚愧，無言的低下頭。

媳婦不說話，丁怡安意猶未盡：

「那天你招呼不打一個，氣唬唬的把偉偉抱走了，令我們多難堪？我們帶他幾個月，你叫我怎放心得下？你現在心平氣和的想一想，這樣做對不對？你以前就不斷的給我難堪，我都沒有怪你，只因為你是我的兒媳，所以我必須不計較一切的愛你。但是，你願意接受嗎？你如果不是我媳婦，我大可以不理你，何必浪費我的精神感情……？」

說到後來，丁怡安已十分傷感，她是最會隱藏感情的人，她看過太多破碎的家庭、太多不幸福的人生，都是因為固執、自私、誤會，和不夠坦誠造成。她知道怎樣避免這些事情，知道怎樣掌握自己的生活，所以，幾十年家庭生活的磨練，她都過得很平靜，也可以說，沒有遇到令她心酸的事情。直到最近，有了媳婦孫兒、生活起了變化，才發覺很多事情不是自己所想像那麼單純。別人的是是非非恩恩怨怨，不再是自己認為那麼多餘，那麼幼稚。她發現很多事情一定要身歷其境才能體會出來。不過，對於媳婦的壞脾氣，她還是極力的忍耐著，她總認為人性本善，時間會改變人的思想，經歷會磨練人的脾氣，她希望也相信媳婦的脾氣會改變，她祈求盼望，都想不到今晚會面對面的討論起來，這也好，與其大家揣測猜忌，不如坦誠的正視問題來得乾脆實際……。

史蘭瑛被婆婆一語驚醒，已感動得無地自容，找不到任何話可以反駁婆婆，的確是自己錯了……。她又想起自己的母親來，為什麼母親不像婆婆？母親好冷酷、好暴躁，全家人都怕她，唯獨她不怕，莫非她的脾氣像母親？像母親就糟了，母親一敗塗地，父親在外面有細姨，兩個嫂子不和她住，而自己呢？幾年都沒有回去看看她了……。

史蘭瑛感到兩頰發熱，她怯然的瞥婆婆一眼，卻幽幽怨怨的埋怨婆婆：

「你們對我不滿意，為什麼不早些告訴我？你們不說，我怎麼知道？」

這倒是事實，丁怡安啞然了。

為了家庭和諧，她一直採容忍態度，原來容忍也不是頂理想的方法，容忍仍然不能解決問題，看來倒是坦誠相對才是良策了。

丁怡安忽然有所悟，沉默了一會，懇切的望著媳婦：

「我一直不願說你，是怕你會更生氣，也怕你會嫌我嘮叨，我現在才知道這樣做錯了。那麼，我才指責你的錯處，你承認嗎？你會生氣嗎？」

史蘭瑛想起那天遽然把兒子抱走，實在不應該，婆婆不但沒有罵她，還跑來幫她解決困難。她愧然的低下頭來，聲音出奇的溫柔：

「媽，對不起，我那天真是急昏了頭，我不是有意的，對不起，我以後一定不會那樣子了。」

丁怡安幾乎不相信自己的耳朵，媳婦居然認錯了。苦心總算沒有白費。這就好，這就好，只要她不再嘴硬，只要她承認自己錯了，問題就好解決。但是一想到丈夫心裡又陰沉下來，嘴裡喃喃的像是自言自語：

「我倒沒有關係，我了解你的心境，只是爸爸不這麼想，他真的很生氣，今天早上他就不准我來，我回去他還會跟我生氣的……。」

「那你就不要回去，你就住在這裡好了，讓爸爸一個人住臺中，誰叫他不願搬來……？」

「你看，你又說鬥氣話了，你剛剛才承認自己錯了，怎麼又忘了？你一定要打心底裡改過才行。再說，我怎麼可能讓爸爸一個人住臺中呢？他不同意搬來，我就不可能住這裡。一個女人結了婚，對丈夫照顧是一輩子的，古今中外都一樣，妻子永遠應該照顧丈夫、尊重丈夫。可惜現在很多女人都沒有這種觀念了，她們認為自己也會賺錢，不必受制於丈夫，也就不再重視丈夫。一點不如意，就主動喊離婚，多少孩子就因為有這種自以為能幹的母親而過破碎的家庭生活，這真是現代家庭最大的悲哀。你千萬不能再有這種想法。你如果真心愛偉偉，就應該更愛維川，這樣偉偉才能過幸福的生活，這也是女人應有的責任。你只要能抑制自己的壞脾氣、多關心別人、多為別人設想，你就會過得很愉快的。」

史蘭瑛惘然的聽著，似懂非懂，家裡亂糟糟，還談什麼愉快？她愛家庭、愛丈夫、愛孩子，她只希望公公婆婆能住在一塊，大家好有個照應。當初購這間較大的公寓，就曾經有這個打算，只是她沒有方法，她根本不懂與人相處之道。把事情弄砸了還不自知，她仍然覺得公公不搬來不近情理，她困惑的望著婆婆：

「你說應該關懷別人，多為別人設想，那爸爸呢？他為什麼不為我設想？維川幾日不回來，我要怎麼關懷他？」

媳婦又斷章取義，看來要說服改變她還要很大的耐心才行。丁怡安已經很疲倦，但還是振作起來，她把身體坐斜一點，嘆口氣，悠悠的說：

「說來說去說了半天你的思想還是化不開，我不是說過爸爸不願搬來，是因為你的脾氣太壞，維川又粗心大意不懂得孝敬父親，我們沒有理由要看你們的臉色過生活，對吧？至於維川不回家，我看也是因為你任性、不夠體貼，不夠關懷所造成。所以，一個女人要學習溫柔，溫柔就是禮貌，兇巴巴的女人就是有天大的本事別人也是敬而遠之的。你如果答應把壞脾氣改掉，我就設法說服爸爸搬來住，但一定要你先有所表現才行，否則，我怎麼說得動爸爸？」

史蘭瑛默然的點點頭，不再說話。

丁怡安也滿足了，婆媳倆能如此坦然、如此融洽的說話，是她所始料不到的。她望著媳婦那一臉憔悴的面容，憐惜的說：

「你去睡吧，今晚好好睡一覺，明天還要上班呢！偉偉跟我，你不用操心了，這裡一切我都會收拾，這就去睡吧！」

丁怡安把孫兒抱回房裡，喂他吃了一瓶奶、換了尿布，捲了條大毛巾給他抱著，這一覺他會睡到天亮。

安頓好孫兒，廚房各處又收拾一遍，正打算回房睡覺，電話鈴聲忽然響起來，她慌忙奔過去拿起來，她怕吵了大家。不知是誰打來的？這麼晚了，她好心急，謹慎的壓低聲音：

「喂？是維川哪……該死的東西……你在那裡……在高雄……我是媽……沒事……好……你還會問蘭瑛……很好……都很好……我來做什麼……問你呀……你這幾天為什麼不打電話回來……家裡真的沒事……幾時回來……明天晚上……唔……盡快回來。」

放下電話，丁怡安長長的舒了口氣，兒子有了消息就好，謝天謝地。一轉身，看見媳婦靠在房門口，她心裡莫名其妙的亂跳，很不自然的說：

「是維川打來的，這個該死的東西，他還知道打電話回來，他在高雄，他……。」

「我都聽到了，不用說了。」

丁怡安看媳婦面色凝重、滿臉淚痕，心裡也很難過，看她要關上房門，不覺又叫住她：

「蘭瑛？」

史蘭瑛回過頭，一臉淒苦的望著婆婆：

「蘭瑛，你答應我，不要恨他，原諒他好嗎？」

史蘭瑛扶著門邊飲泣，沒有說話。

「蘭瑛，我知道你心裡難過，可是，你只要想到是你先把偉偉抱走，他才生氣不回家的，你就會原諒他了。你要這樣想，你心裡才會舒坦，知道嗎？」

史蘭瑛淒然點點頭，一言不發的掩上房門。

這一晚，婆媳倆異床同夢，都想著夏維川。

那天，夏維川由家裡出來，追到臺北，在車站徘徊了一會，越想越氣，心一橫，叫了部計程車直抵王振中家。

星期天，王振中夫婦帶著孩子在看電視，聽見門鈴響，一看是夏維川，王振中有點愕然，王太太李惠書拿了雙拖鞋給他換，眼睛盯著神態不安的夏維川：

「咦？你們不是回臺中了嗎？」

「回來了。」

「回來了？這麼早？蘭瑛呢？」

「她回娘家了。」

「回娘家了？為什麼？你們吵架了？」

「沒有，她休假，所以就回去住幾天。」

「啊！原來如此，我還以為你們又……。」

李惠書拿了兩杯茶出來，趁機碰碰丈夫，示意他不要再說，王振中推推眼鏡，看見夏維川面色不怎麼開朗，想起前天他打電話來取消約會的語氣，心裡已猜到八九不離十，準是和蘭瑛鬧彆扭，蘭瑛一氣回娘家。沒有什麼大不了的事情！夫妻吵架，司空見慣，過幾天又會和好。他端起茶杯喝一口，笑著說：

「太太不在家，你這幾天沒飯吃嘍？我收容你好了，我管吃管住，但有一個條件……？」

「什麼條件？」

「陪我媽打牌。」

王振中說完，扯開喉嚨向著房裡大叫：

「媽，起來開檯囉，有人陪你打牌啦！」

夏維川和王振中是同學，早已熟不拘禮，他知道振中有母親。因為振中以前租房子住、房子小，一直沒有跟母親住在一塊，這次搬了新家，他不知道振中已經把母親接來住。一聽見振中叫母親，馬上感到不自然，拘謹的問：

「伯母來了？」

「來了，有了自己的房子，我媽沒有理由不搬來住了。不過，我擔心我媽會住不慣，我媽喜歡摸幾圈，這裡不容易湊腳，不是找不到，而是沒有我媽那種高手，打得小又打得慢，四圈中間還要休息，誰願意花這個精神陪她？不得已，硬叫我妹妹搬來，晚上只要媽媽有精神，我和惠書三人就陪老人家摸四圈，這才把媽媽留住。你來了正好，我們現在就可以開檯……。」

「怎麼？惠書也會打了？」

「不會不行呀，她不湊數我們就玩不起來。」

「哎唷？你不知道，我是惡性補習，趕鴨子上架，硬逼出來的。」

「什麼事情叫得那麼大聲呀？」

王老太太顯然在午睡，扣著衣服出來，邊走邊説話，看見有客人，卻也有點難為情，笑著問兒子：

「原來有客人，你大聲叫什麼？」

「他不是客人，他是夏維川，你見過他的，他聽見媽媽在這裡，特意來陪媽打牌的。」

夏維川連忙站起來，恭恭敬敬的一鞠躬：

「伯母您好，好久沒有看到伯母了。」

老太太摸摸花白的頭髮，笑容可掬的指指椅子，示意夏維川坐，她根本不知道夏維川是誰，怎麼一個人，反正是振中的朋友就是了。

王振中把藤椅拉前一點，拉母親坐下，把保溫杯加點熱水端給母親，扶著母親的椅背說：

「我媽不喜歡太客氣，你還是隨便一點的好，把衣服寬一寬，反正你這幾天就住在我這裡，你睡我的書房、淑娟跟媽媽都有自己的房間，你看我這房子不小吧？」

「這不好，陪伯母打牌可以，打完我還是回去的好。」

夏維川本來就是打算在王振中家住兩天的，否則他不會說蘭瑛回娘家。他不知道振中把母親接來了，有長輩在，情形又不一樣，所以他打消來時的念頭。

王振中不知道他的心思，瀟灑豪放依舊，爽朗的說：

「回去做什麼？一個人冷冷清清的容易胡思亂想，在我這裡湊熱鬧多好，我家是熱鬧慣了的，越多人我媽越高興，以後沒事就來陪陪我媽，你陪我媽打牌，惠書煮好菜給你吃，一舉兩得，怎麼樣？」

想不到振中仍然說出這種熱情誠懇的話來，夏維川愣了一下，惠書匆匆的走出來：

「你們鋪桌子呀？我把飯煮下去，爭取時間……。」

說完又匆匆進去，忙得好起勁。

夏維川來了不到十分鐘，精神還帶點恍惚，他疑惑的看看大家，自己一家人打牌？有點不可思議。

他站起來幫振中搬桌子，小聲的問他：

「你不是看電視的嗎？怎麼忽然又打牌了？還沒見過自己一家人打牌的呢？」

「電視有什麼看頭，還不是坐著耗時間陪孩子。陪我媽比較好，平時日子裡我媽都是一個人在家，剛搬來鄰居不熟，大家不知道底細，也不敢隨便往來，又難得有個可以陪我媽打牌的朋友上門，除非是我們家裡的人來才湊得起，你今天就算是我們的家人好了。」

「你不是說你們三個人就可以陪伯母了嗎？」

「話是不錯，可是淑娟事情較多，不像我和惠書下班就回家，所以也不是天天有得打。」

桌子擺好，夏維川找出東南西北風打位子，王振中把他找出來的風頭往桌子中央一堆，笑著說：

「不用打位子，對著電視機的位子一定是我媽媽的，我媽媽喜歡一邊摸牌一邊看電視，她說這樣才叫做魚與熊掌，得而兼之。」

王振中說完，走過去把他母親連人帶椅子一齊端起來移到牌桌前，把他母親惹得格格的笑起來，有外人在場，令她感到很不好意思，笑罵著兒子：

「我自己會走，你把我弄跌倒你就有得受了。」

王振中聳聳肩，回房去拿了副眼鏡給母親，把保溫杯放在母親身旁的茶几上，指指母親對面的位子對維川說：

「你坐這邊，我和惠書對面坐，反正我們一家人，你今天是自投黑店，死定了，乖乖放炮就沒事……。」

老太太笑著打兒子一下，怪他亂開玩笑。大家坐定，惠書帶著一雙濕漉漉的手匆匆坐下，一邊擦手一邊摸牌一邊叫女兒：

「娃娃，把電視關了，讓電視休息一下，把玩具收起來，回房裡睡一覺。你如果不聽話，等會姑姑買糖回來，我把它收起來不給你吃喲，知道嗎？」

娃娃果然關了電視，蹲在地上收拾玩具。

維川瞥大家一眼，小聲的問：

「怎麼打法？」

「惠書只會十六張，我媽也不願動腦筋。二十底，十塊一台怎麼樣？」

「好，沒問題，反正是陪伯母玩。」

話答得輕鬆，心情卻十分拘謹，因為他頭一次和長輩一塊打牌。在家裡，雖然父母也時常打牌，他都只遠遠的瞄兩眼就走開，他知道父親不喜歡他在後面看牌，所以……。

坐在王伯母對面，他感到很不自然。打了兩圈，惠書匆匆跑進廚房，老太太起來上洗手間，王振中也起來打開冰箱拿出一包芝麻糖一包餅乾，放一點在母親的座位前，放一塊在自己嘴裡，然後遞給夏維川：

「吃一點，我媽打牌喜歡吃些零食，現在是中場時間，你也可以起來抽根菸，我看你憋了很久，你怕我媽會說你是不是？你還是隨便一點好，我媽不會管這些的。」

夏維川的確想抽根菸，這兩天心煩，菸癮特別大，剛才在車上就被鄰座的太太干涉過了好幾次，他感到抱歉，但轉眼又忘了。今天他一直感到胸口有壓迫感，不對，是昨天一回家就不對勁，也不對，該是由前天開始，前天被蘭瑛無理取鬧後就一切都不對勁了。他心思又紊亂起來，一連猛吸幾口，王振中看在眼裡，在他耳邊小聲的問他：

「事情那麼嚴重嗎？放輕鬆點，別讓人家看出來，今晚我們好好的談一談。」

夏維川苦笑，一言不發的又繼續打牌，他本來就不多說話，屬於木訥型。為了答覆王伯母對他的問話，他必須十分留心才聽得懂王伯母的廣東國語，慢慢的，心情也就輕鬆起來。

吃晚飯的時候笑話更多，王振中為了想讓維川不拘束，一直逗著母親開心。

惠書指著一小碗豬腳對維川說：

「你如果不介意，吃一塊我燒的豬腳，已經燒了三天還沒吃完，如果是媽媽燒的早就搶光了，明天讓媽媽燒一隻你吃吃看，有什麼不同？」

「王大嫂的菜我是吃多了，還用得著介紹，倒是伯母的菜沒嚐過，不過……。」

「那好辦，明天我約夫子他們來，媽媽露一手給他們瞧瞧，只怕他們吃上癮，媽媽以後就有得累了。」

「明天又不是周末，誰有空來？」

「反正維川這幾天住在這裡，機會難得，吃頓飯聊聊天而已，誰有空就來，不來自己吃，要等大家有空，難了。」

「我看我還是回去，不必為我而忙，那不好意思，這麼近以後我會常來陪伯母……。」

老太太忽然想起什麼，打斷夏維川的說話，對媳婦說：「豬腳好不好吃，完全靠那層皮，你買的時候要特別挑選，太老太厚的固然不好，豬太小皮太薄的也不行，一定要看清楚才能買，而且……。」

老太太津津有味的說著，大家一齊注視著她，忽然都笑了起來，把老太太弄得莫名其妙，以為自己的廣東國語他們聽不懂，還一再的解釋重複：「……你們照我的話去買豬腳，我做給你們去去(吃吃)，你就知道原因了……。」

夏維川瞧著王伯母愉快的神情，知道他的生活一定過得很滿意。自己的母親還不是一樣，個性爽朗、談笑風生，也會做好多拿手菜。為什麼我們家不像他們那麼融洽？他們母子婆媳處得那麼好，而我們家卻亂糟糟。父親不肯搬來一塊住，蘭瑛不像惠書那麼嫻淑和熱誠待人。想起自己的境況，不由得在心底長嘆一聲，無論如何都是蘭瑛該死，蘭瑛該死，蘭瑛該死……。

吃完晚飯，振中的妹妹淑娟也回來了，還有兩個小孩跟著，一回來她就笑咪咪的遞盒點心給母親：

「趁熱吃，剛出爐的蛋塔，我特地彎到你說過的那家買的，娃娃呢？我答應她的棒棒糖也買回來了……。」

夏維川和王振中雖然是老同學，但對他的家庭狀況不詳，他的姐姐高他們兩班比較有點印象，這位妹妹就不太清楚，似乎未見過。又不便問人家，只能客套的和她寒暄幾句。人太雜，他的心情又不好，很想離開，那四圈牌他不想打了。可是看見王伯母興致勃勃的一邊問兩個孩子，一邊催開檯，他又不便開口，只好硬著頭皮打下去，直打到晚上十點才結束。他看看時間尚早，忽然想回家，回去揍她一頓也好，為什麼不回家？他質問自己。

王振中無論如何都不讓他走，他又說不出非要回去的理由，只好留下來。

從前，他在王振中家是隨便慣了的，沙發、地毯，到處可以躺。躺著笑、躺著罵，隨心所欲。現在呢？是什麼改變了？令他感到拘謹不安，他惘然——

穿著振中的衣褲，夏維川很不舒服的靠在沙發上，全家都安靜了，王振中把幾盞大燈關掉，客廳裡只留一盞柔和的燈光，夏維川的心緒也緩和下來。

王振中開了兩罐啤酒，在夏維川身旁坐下，遞一罐給他，自己也猛灌一大口，長長的哈了一口氣，四肢一伸，好舒服。夏維川剛把菸熄掉，喝了一口啤酒，又去摸菸，看看只剩兩支，頭也不抬的問振中：

「還有香菸嗎？」

「有，但我不贊成你再抽，我寧可你多喝兩罐啤酒，啤酒喝多了大不了多上兩次廁所，菸抽多了半夜裡我媽醒來，看見煙霧瀰漫，還以為是火災呢！」

夏維川愕然的苦笑，不抽就不抽吧。他好奇的問振中：

「那兩個孩子是不是淑娟的？我剛才不便問，她什麼時候結婚的？我一點都不知道。我只知道你大姐夫是軍人，有好幾個孩子而已。」

王振中未說話先嘆氣，像是心事重重：

「唉，淑娟的事不說也罷，想不到我們王家也會發生這種事情，如果我父親在世，一定會給她氣死。我大姐倒是過得很好，我外甥女都讀中學了，就是我這個小妹頭痛……。」

「她怎麼樣？那兩個孩子是她的吧！」

「當然是她的，唉，我這兩個外甥也太可憐了，不能和我大姐的比，我發覺現在這種不幸的孩子越來越多，這種家庭問題太可怕……。」

夏維川懍然一驚，催著他說：

「你可不可以不嘆氣，爽快的說。」

王振中搖搖頭，把罐裡的啤酒一口氣喝光，嘆了一口長氣，乾脆躺在地板上，枕著雙手，語調帶點激動：

「故事都一樣，兩個意氣用事年輕夫妻的家庭悲劇，倒楣的是他們的上下兩代，我母親已被我妹妹的家務事弄得身心俱疲，唉，誰叫她是母親……！」

說到這裡，王振中停下來若有所思，然後一個翻身趴在地板上，支著下巴：

「……我母親勞碌了幾十年，父親去世後，我毅然買下這間公寓，接她來享福。雖然母親不願放棄權利，說原來學校的房子可以永遠居住。話是不錯，問題就是心境，如果仍住眷舍，她有寡居的感覺。接來我這裡，她就是有福氣的老太太，享受兒孫繞膝媳婦侍奉之樂。惠書也算賢慧，她看淑娟帶孩子在外面租房子住，為了安我母親的心，主動的告訴淑娟這是母親的家，也永遠是她的家，要她搬來陪伴母親，免得母親牽腸掛肚，孩子也有老人家照料，淑娟才肯搬來。」

「看看淑娟逞強的後果，現在好多女人，會賺錢就產生這種現象，她和丈夫鬧翻兩年了，不要丈夫一塊錢，認為自己可以養活兒女，以為給孩子吃飽穿暖就算盡責，她完全不重視孩子的感覺、心態。你看剛才他們回來的情形，一問一答不問不說，連對外婆都一樣，完全失去孩子天真活潑頑皮搗蛋的常態。唉，你叫我不嘆氣，行嗎？我母親不知那裡打聽到她親家母住醫院，今早燉了雞湯硬迫著我妹妹帶著孩子送去醫院，盡點媳婦之責。『沒有離婚，還是人家的媳婦。』我母親時常這樣提醒她。」

「她和惠書住的這陣子，看見惠書持家的態度，大概有些感動，好像心軟了很多。難怪孟母要三遷，連大人都需要擇良友而侶。她那些同學的怪觀念給她很大的影響，好在她婆婆是明理人，兒媳不睦，她也莫奈何。只要做親家的明事理、不起鬨，問題就好辦得多。但願他們能復合，兩個孩子才能有幸福的家庭，幸福的人生。」

王振中一口氣說到這裡，忽然笑起來：

「你看我多糊塗，只顧發表言論，倒忘了問你發生了什麼事情了……。」

話剛說完，他即刻一躍而起，迫不及待的奔向洗手間。再回客廳的時候順便帶了包菸，還有兩罐啤酒。他自己先點一支，整包丟在夏維川身上。

夏維川木然的抽出一支來點上，看見王振中開啤酒：

「不要開我的，我夠了。」

他猛吸幾口菸，慨然的說：

「命，就是命，像惠書這樣的女人，她還不是要上班？好命，你就是好命……。」

夏維川說得沒頭沒腦，王振中遽然大笑起來：

「怎麼啦？你的命那麼不好嗎？是不是吵了架她才回娘家的？」

夏維川不想說什麼。他只感到好疲倦，需要靜靜的想一想，振中一直盯著他說話，他嘆口氣，愴然的說：

「是又如何？不是又如何？反正人走了，由她去吧！」

「由她去？真能由她去嗎？你上有父母，下有兒子，別說這種不負責任的話。」

「要怎麼樣才算負責呢？」

「夫妻吵架就是這麼回事，讓她回娘家住兩天，你再去把她接回來，多說幾句好話……。」

「以後呢？以後她再走，再把她接回來，再多說幾句好話，對嗎？」

「本來就是這樣嘛，誰叫你要吵架？」

「唉，可能就是因為我好話說得太多了，她才越發狂妄。」

「我看你這次把她接回來，改變一下生活方式，每星期去臺中看兒子也不是辦法。」

「誰都知道不是辦法，但我又能有什麼辦法呢？你買房子接母親來住，你母親好高興，我買房子接父母來住，他們都不接受。你叫我怎麼辦？」

多年老同學老朋友，王振中早已瞭解他的個性，不覺嘆道：

「你們夫妻這麼吵吵鬧鬧，他們當然不會搬來住。你不愛說，蘭瑛愛生氣，那種氣氛，誰受得了？」

老朋友一針見血，夏維川慚愧的仍不願承認：

「說來說去都是蘭瑛該死，她有你惠書十分之一懂事就好，我剛才看惠書對你母親好親熱，我心裡好羨慕也好感慨。蘭瑛實在該死，她簡直不可理喻，我現在才發覺她沒有對我父母盡過一點孝道……。」

夏維川想起剛才淑娟由外面回來，笑吟吟的遞一盒點心給她母親的情形，又想起今早父親說的話：

「……你們有沒有買過一塊我喜歡吃的糖？一塊我喜歡吃的餅？……」的確沒有，他嘴裡不自覺的又喃喃的罵起來：

「……該死的蘭瑛，我從未見她買過東西給我父母。」

王振中看他沒頭沒尾的說話，有點奇怪，順著他的話問他：

「那你呢？你自己有沒有買東西孝敬父母？」

夏維川愕然，想了一下，仍然理直氣壯：

「我每個月的薪水統統交給她，她是家庭主婦，我根本不管這些事情。」

「那你在家裡管什麼呢？」

「我？我什麼都不管，都不過問，家裡一切由她做主，她還不滿足，豈有此理。」

王振中搖搖頭，很不以為然：

「你以為這樣做很瀟脫嗎？我倒認為是不願負責任而已。對自己的父母你這個做兒子的尚且不關心，還能要求太太孝順嗎？」

雖然是老朋友，夏維川也有點尷尬，又摸出一支菸來：

「你今天倒有興趣說道理……？」

「完全沒有，只因為你一直不開朗，所以才想勸勸你。」

「沒辦法的，我們已經到了無可救藥的階段，不瞞你說，我想和她離婚，她那個脾氣我受不了。」

王振中一下坐直，睜大眼睛：

「離婚？開玩笑，你也想趕時髦？」

「你別幸災樂禍，我已焦頭爛額了，這樣下去太痛苦，長痛不如短痛，乾脆……。」

「乾脆什麼？到了焦頭爛額那麼嚴重嗎？吵架一定有原因，你找出原因嗎？」

「原因找出也沒有用，她脾氣太壞、太固執，問題不可能解決。」

「不見得，你試過方法嗎？你只是和她吵而已，越吵她脾氣越壞，你一定要針對問題……。」

「問題在兒子身上，她視兒子如命，為了兒子不惜得罪我父母……。」

「伯父母也知道你們吵架了？」

「本來是不知道，現在不但知道，還參戰了。所以我……。」

「所以你垂頭喪氣？想不到你會弄得那麼糟，我一直以為你是個木訥的人，木訥的人都是修養比較好的人，修養好的人怎會吵架，奇怪？」

「所以說，連我都受不了……。」

「不對，是她忍受不了，你的脾氣我清楚，三腳踢不出一個屁的人最難纏，你一定是把她弄火了，剛才我聽你說話就很莫名其妙，一個男人，沒有魄力，沒有原則，一味怕麻煩，結果麻煩更多……。」

夏維川愕然的望著他，燈光太暗，看不清他的表情。

「你們吵架已經不應該，把父母扯進去就更不應該，這下可好，你弄得天翻地覆，看你怎麼收場？」

「大不了和她離婚，我已經看透她……。」

「離婚？又說氣話，你不怕你父母聽見傷心？」

夏維川一怔，怎麼他的口氣像我媽？

「離婚解決不了問題的，只會更痛苦。」

老同學瞭解個性，他知道夏維川就是太隨便，太不用心機，公子哥兒的作風。對他指責發生不了作用，只能耐心規勸：

「聽我說沒錯，蘭瑛脾氣固然不好，你自己也該檢討，你只要稍為注意一下，動點腦筋，設法改善一下狀況，問題很容易解決。」

「你倒說得輕鬆，怎麼個改善法？」

「改善的方法很多，不過不管改善什麼，都必須由你自己改善開始，否則光想改善人家是行不通的。」

夏維川直起耳朵，似乎聽不懂：

「我不知道你所指的改善是什麼？」

「就是先要改善你的心理、作風。不要光在和蘭瑛鬥氣上頭打轉，你要設法瞭解她的個性、她生氣的原因，再設法解決使她生氣的問題，讓她沒有生氣的機會，這才是做丈夫之道。不是只把薪水袋交給她就了事的，這你該懂吧？」

王振中看他不表意見，似乎有點靈光，於是又說：

「你說要接父母來住，蘭瑛呢？她認為如何？她願意嗎？你們是否為這件事吵架？」

「是她說要我父母來住的，是我爸不肯來……。」

「如果是這樣，問題比較容易解決。還是一樣，你先要弄清楚你爸不肯搬來的原因，是你們那裡不如他們現在住的環境好；還是怕聽你們吵架；還是怕看你們臉色；還是根本不想跟你們住。你都要弄清楚，才好對症下藥……。」

夏維川不說話，他心裡有數，因為今天早上父親已經把問題說出來了。

王振中忽然又問他：

「你剛才說父母參戰，什麼意思？你們打架了？」

夏維川笑起來，後悔不該誇張說錯話，害王振中多心：

「沒有，沒那麼嚴重……。」

「那？」

「今天我們當父母面吵架，父母罵了我們，如此而已。」

其他的事情他不願說，雖然是老同學，家務事也不能讓他知道太多，否則——

王振中笑著伸了個懶腰，兩罐啤酒下肚，有點睏了，牆上的鐘已敲一點，夜已深了。

「你還是聽我話，先改變自己，在家裡絕不生氣。做個男人，最要不得就是把外頭的氣帶回家裡發，在家裡，耀武揚威指桑罵槐、樣樣不順眼，把家人當作出氣筒，最要不得。我知道你不會這個樣子。但是如果一個男人在家裡凡事不聞不問，要麼不理不睬，也令人難以忍受……。」

「那，做個男人要怎樣？」

王振中一時為之語塞，望著一臉無奈的夏維川，竟然哈哈的笑了起來。

第二天上班的時候，王伯母再三叮嚀夏維川下班一定要來吃晚飯，並說等會她親自去菜場挑豬腳，保證不讓他失望，保證讓他吃得過癮。

夏維川在辦公室裡整日無心工作，心不在焉的把一張工程圖趕出來後，坐著發愣。王振中對他的規誡全部接受，唯獨不肯原諒史蘭瑛，她昨天太可惡，當著父母面給他太難堪，抱走兒子不告而別的行為太混帳，這次一定要好好教訓她一頓。想到兒子，他怔了一下，她回到家了嗎？還是不幸而言中，回娘家去了，她幾年都沒有回娘家，也許趁機會回去看看而故意不告訴他，讓他焦急，他才懶得管她，永遠不回來最好。

母親的話又在他心中徘徊，母親叮囑他追回去馬上打電話給她，到現在還沒有打電話回去，他有點焦急，很想打個電話回去看看，看她到底在那裡？如果她沒回娘家，她一定在家裡，今天她一定無法上班。

拿起電話，手又放下來，如果她在家，那何必讓她得意，不管她，反正她跑不了的。不回家，也不理她，讓她急兩天，受點教訓……。

下班前王振中來過電話，王伯母的晚餐非去不可。

王伯母燒的豬腳的確不同凡響，可惜那幾個傢伙統統不能來，仍然是他和振中大嚼。豬腳皮爽而肉爛，連吃幾塊都不覺得肥膩，可以和母親做的梅干菜扣蹄膀比美。想起蹄膀，母親的話又在耳邊響起：

「川兒，記住回去千萬別和她吵了，看在兒子份上，你就少說一句，讓她一點，做個男人，對太太忍讓點，不會吃虧的……。」

「做個男人要有魄力，有原則，別盡在和蘭瑛鬥氣上頭打轉，要瞭解她的個性跟生氣的原因，設法解決她生氣的問題，讓她沒有生氣的機會，這才是做丈夫之道……。」

王振中曾這麼提醒他。

「……一個大男人，凡事應該有自己的主見，連和老婆都處不好。還談什麼人生抱負？把個家弄得烏煙瘴氣，算什麼男人？你別全怪老婆，自己也該檢討一下。」

父親嚴厲的眼光又在注視著他。

看來都是我的錯！為什麼都是我的錯？

好好的一頓飯，夏維川吃得也索然，腦海裡都是疑問。

飯後又陪王伯母打了四圈麻將。平時大家要上班，他們也只打四圈。打完牌，王振中仍然把夏維川強留下來。

兩人又聊到深夜！

夏維川躺在王振中書房的小床上出神，這間雜物間改成的小書房，小得非常雅致，有一個開向天井的小窗，小床就擺在窗下，由小窗一直向上望，一塊約莫一尺見方的小天空展現在眼前。幾粒星星在偷窺他的心事。他嘆口氣，自己也該檢討一下。

但是，兩天未回家，如何解釋？

夏維川一個上午都在為兩天未回家煩惱。今天是一定要回去了，她在家嗎？如果她在家，如何面對她？向她解釋？根本沒有解釋的理由，但，總得有個藉口。不說話，她會更生氣，王振中說的。

下午，夏維川苦惱依舊，快下班的時候，高雄工程處來了電話，一張施工圖有了問題，他奉命馬上去一趟高雄。

這真是天意，終於有了藉口，無論如何，因公出差總是事實，公地回家，可以理直氣壯，也可以含糊其詞，總之，不會無話可說了，不會讓她得理不饒人……。

下了飛機，直奔工地，在工地一直討論到次日晚上十點鐘，夏維川才回到旅館休息。

在旅館裡，他提心吊膽的撥個電話回家，如果蘭瑛在家，等於先備個案，見面也有話好說。如果不在家，趁機會去一趟屏東。他萬沒有想到接電話的會是母親，當時把他嚇得夠慘，以為出了事情，及至聽見母親說大家都好，才把那顆幾乎跳出口腔的心嚥回原位，居然忘記叫蘭瑛聽電話，實在遺憾！

●

為了婆婆，史蘭瑛終於壓抑了內心的憤恨。關上門，情緒仍然無法平靜。她躺在床上哀哀的哭，哭了一陣，丈夫終歸是有了消息，擔憂已去。偉偉有婆婆帶，暫時可以安心，發洩完畢，昏昏睡去，而且睡得很酣。

一覺醒來，聽見兒子在哭，她趕緊打開房門，偉偉看見她，居然向她爬過去，她高興得一把抱起兒子，心肝寶貝的親了又親，幾日來驚恐辛勞剎那消失。

婆婆催她吃早飯上班，她摟著兒子對著婆婆欣慰的笑了起來。感覺中，她從未這麼快樂過……。

帶著婆婆做給她的便當，史蘭瑛高高興興的去上班。同事看她清瘦了的臉龐，失眠了幾日，仍未恢復原樣的灰眼眶，都相信她真的病了，沒有人知道她這幾天經歷過什麼樣的人生，她感到慶幸。

看著媳婦上了班，丁怡安趕緊關上門打電話給丈夫：

「中雲嗎？你昨晚去那裡了？我打過幾次電話給你……你怎麼不說話……仍在生氣嗎……你不知道川兒出差到高雄去了，蘭瑛生病，偉偉又不肯跟帶他的人家，所以這兩天我不能回來……你說話呀……好吧，只要你聽見我說話就行了……你好好照顧自己，維川一回來我就回家……莫生氣嘛，我掛電話啦！」

放下電話，丁怡安心裡好沉重，丈夫一句話都不說，叫她心裡不安，她長長的嘆了口氣，生氣也沒有辦法，我不能放下媳婦孫兒不管呀……。

中午，夏維川又打了個電話回家，媳婦去上班，丁怡安無所顧忌，把幾日來發生的一切情形詳詳細細的告訴兒子，末了，還再三的叮囑：

「……她已經答應我不和你吵了，你回來只准陪罪不准生氣，你如果又和她鬧僵，我馬上回臺中，絕不再理你，知道嗎？盡快回來。」

囑咐完兒子，心情稍安，隨手又撥個電話給丈夫，鈴聲響了十幾下，沒有人接，這個時候，他不可能出去的，一定是故意不接。丁怡安心裡好惆悵，剛剛才轉晴的心境，一下又陰了下來。

史蘭瑛下班回到家裡，看見婆婆抱著偉偉在廚房裡弄晚餐，她笑咪咪的抱過兒子，柔聲的說：

「媽，我來弄，你去休息一下。」

「都弄好了，你去換件衣服，洗把臉，就可以吃飯了。你中午的便當呢？好不好吃？」

史蘭瑛從前一直不在意別人對她的關懷，可是現在，她忽然感覺到婆婆對她很好，她反而有點過意不去，盎然的瞥婆婆一眼：

「太好吃了，我統統都吃光了。」

「真的嗎？我還以為你會統統帶回來呢！」

吃飯的時候，丁怡安看媳婦的心情很好，心裡很安慰，於是趁機會和她討論偉偉的問題：

「……目前，我還是暫時把他帶回去，免得他受罪。等你找到理想的人家，或是我們有更好的辦法，總之，要讓偉偉過得高興才好。」

史蘭瑛一下又變得落寞：

「那，你們還是不打算搬來？」

「打算打算，只是也不能說搬就搬呀，總得回去和爸爸商量好才行，爸爸不搬來，我不可能住這裡，我對他有責任，對你們沒有，知道嗎？你要體諒媽媽的心意才好。」

「爸爸根本不肯搬來，那……？」

「爸爸不是不肯搬來，原因我已經說過了，另一個原因是這種房子他住不慣，沒有他活動的地方。男人不像女人有家事消磨日子，退了休無所事事，就會覺得無聊，也會產生好多問題。如果有個地方讓他能夠繼續種花或是培養另一種興趣，他的精神有了寄託，我們的日子才好過。這些事你現在不會瞭解，等過幾十年你就會明白。所以，目前問題未解決前，我還是先帶偉偉回去，不能隨便塞給別人讓他再受罪，你看這些日子他瘦了多少？我們絕對不能再磨折他了。」

史蘭瑛默然不語，淚水在眼眶裡打轉，她想起中午休息和同事的談話來。她故意把話題引到帶孩子上頭，她想打聽帶孩子的情形，似乎都有一套苦經，職業婦女最大的問題就是養育孩子。不過，也有不盡然的，要看各人對孩子重視的情形而定。像周于芳的話，就令人啼笑皆非：

「……孩子交給他媽媽帶，每個月給她三千塊，奶粉除外，我根本不必傷腦筋。」

大家都懷疑的問周于芳：

「你放心得下？」

「有什麼放心不下的？是她的孫子，還擔心什麼？他哥哥的，他姐姐的，都是交給她帶。一視同仁，統統三千塊，比人家便宜，比人家可靠，有什麼不好？他妹妹下月生，也要交給她帶……。」

「嘩！老天爺，她能帶那麼多？」

「我婆婆說她從前帶他們九個，都帶得好好的……。」

她曾奇怪的問她：

「帶自己的孫子也要錢？」

「當然要錢，那是她的收入。要錢也好，我們心安理得，我打算再生一個交給她帶，每月六千元了事……。」

「你這個做母親的完全不負責任，你生孩子來做什麼？」

「結了婚就得要生孩子呀，為了丈夫，我生兩個孩子送給他們家，我每月賺錢給他母親，我沒有不負責任呀？」

「我是說你對做人不負責！」

「沒有呀，我結了婚，我有了家，我生了孩子，我會賺錢，該做的我都做了，該有的我也有了，做個人，還要怎樣？」

史蘭瑛想到這裡，放下飯碗，倒抽一口冷氣，能夠這樣想也好。可是我不能，我要孩子在我身邊，但是卻不可能……。她的情緒又落寞起來。

不敢多想，匆匆的收拾飯桌，在廚房裡洗洗抹抹，動作敏捷，做事也有頭腦。丁怡安看在眼裡，暗自嘉許，川兒還是有福的——

丁怡安一直在注意著媳婦，當她做完事坐下來休息的時候，又安慰她一番，免得她又鑽牛角尖：

「你也不必擔憂，只要你把脾氣改好，不再吵架，媽媽可以向你保證，事情一定會圓滿解決的。放心好了，維川中午又打電話回來，他說今晚回來可能會晚一點，你明天要上班，我來等門，你先去睡吧！」

史蘭瑛看兒子已經睡了，她坐著也覺無聊，和婆婆打了招呼，回房裡去。當她走到房門口時，婆婆又叫住她：

「蘭瑛，心情開朗點，答應媽，等會維川回來，不再和他吵架了，好嗎？」

史蘭瑛嘴角牽了一下，點點頭。

客廳裡靜悄悄，丁怡安獨自對著電視機出神，她心思太亂，根本無視於電視機上的節目。混混沌沌的，發覺有人推推她，一睜眼，看見兒子站在面前，心裡一陣慌亂：

「你怎麼進來的？我沒有聽見你按門鈴？」

夏維川看見母親，心裡十分慚愧，像做賊似的心虛，小聲的問母親：

「媽！怎麼還不去睡覺？我有鑰匙，自己會開門，你不用等我的，偉偉呢？」

丁怡安瞪他一眼，壓低了聲音：

「我叮嚀你的話你都忘記啦？你怎麼不問蘭瑛呢？你還想鬥氣嗎？她已經答應我以後不再吵架了，你如果再和她鬧僵，我絕不饒你，我睏了，有話明天再說，進去吧！」

丁怡安故意不理兒子，逕自回到房裡，關上房門，心裡一直在禱告上蒼：阿彌陀佛，菩薩保佑，天下太平……。

躺在床上，她不敢睡著，一直側耳聆聽外面的動靜，聽聽兒媳房裡有沒有爭吵？狗吠聲、貓叫聲，都會把她嚇一跳，以為發生了戰爭，她戰戰兢兢的在床上輾轉，模模糊糊，恍恍惚惚，似乎剛睡著，又被孫兒的小腳踢醒，定定神，想起昨晚的事，她趕緊躡手躡足輕輕打開房門，客廳漆黑，到處靜悄悄，兒媳的門縫裡連燈光都沒有，她放心了。關上房門重新躺下，卻再也無法闔眼，心事又在心頭翻滾。兒子回來，雨過天晴，可以回家了。老頭子氣得不接電話，這兩天他不知道怎麼過的？她忽然又掛念起丈夫來……。

偉偉照例早起，丁怡安抱他到客廳，鋪條毛毯給他坐著玩。

她先洗尿布，再煮稀飯，今天要回去，尿布要早點洗出來才會乾。

忽然，她聽見蘭瑛的笑聲，伸頭看看，果然是蘭瑛坐在地板上逗兒子玩。媳婦有笑聲，昨晚一定沒有事，她心裡更加寬慰。

史蘭瑛看見婆婆一早洗尿布，猜測婆婆今天會帶偉偉回去，她知道攔不住婆婆，也留不住婆婆，她戚然的看看兒子，不勝依依。

夏維川也起來了，他也趴在地板上逗兒子玩。

丁怡安看在眼裡，心中警然，覺得他們的確需要孩子在身邊，他們的生活才會有樂趣。

史蘭瑛示意丈夫留住婆婆，夏維川爽朗的叫起來：

「媽，明天是周末，我們一塊回去好嗎？你一個人怎麼帶偉偉坐車？」

丁怡安既急於回去，又不想回去，矛盾的嘆口氣：

「我還是今天回去算了，早一天回去，免得你爸爸氣得更深。」

●

夏中雲眼睛冒火的看著妻子去臺北，心中氣憤難抑，花了那麼多精神、說了那麼多的話，都無法阻止她，可見她整個心思都給了孫兒。幾十年夫妻，還不如一個八個月大的孩子令她牽腸掛肚，叫她神魂顛倒。這樣的夫妻還有什麼意思？現在才只有一個孫兒，日子就過得這麼不值錢，將來孫兒多了，還會有好日子過嗎？

孫兒已經走了，含飴弄孫的人生境界已不可期。連想平平靜靜的兩人安度晚年生活，馬上也會變成海市蜃樓。他越想越不值，越想越生氣，整日長噓短嘆。黃昏時分，他開始盼望，太太說沒事就回來，明知不太可能，還是心存希望。眼睛盯著大門，耳朵向著電話，時間過得好慢，但還是過去了。吃了一整天兒媳回來剩下的菜飯，電視已收播，太太連電話都不來一個。

有孫萬事足。我？算什麼？睡吧！還等什麼？

夏中雲自我解嘲，無可奈何的回房裡睡覺。

第二天早上起來，頭有點暈，這是從未有過的現象，他有點慌，不敢出去。整天還是生氣嘆氣的度過，太太仍然沒有消息，他開始不安，該不會……？

電話終於響了，聽見太太的聲音，既氣又恨也安心，不回來也沒奈何，平安就好。他不想說話，也無話可說，遽然將電話掛斷，讓她知道他在生氣。

他只會煮稀飯，不會做菜，冰凍的東西他無法處理，可吃的幾乎都吃光了。第三天開始，他只有出去解決問題，他心情好壞，壞到幾乎不想回家，又沒有地方可去，這種心情很不宜去看朋友。

電話響過幾次，一定是太太打來的，他懶得接，不回來算了，懶得聽她廢話，懶得聽她解釋。

老婆不回家，家中已無可食的東西，夏中雲心情正處在最低潮時，忽然接到通知，房子重建已經定案，很快就要搬遷動工。

這真是福無雙至，禍不單行，屋漏又遇連夜雨，為什麼偏偏是現在？接到通知，有如晴天霹靂，夏中雲整個人傻了。很想打電話叫太太馬上回來，想想，算了，連我她都不管了，她還在乎房子？拆就拆吧，搬就搬吧，反正已經孑然一身了，兒子的房子好，將來建好她也不會搬回來住的，這幾天，他已看透一切，越想越覺得人生乏味，心灰意冷，萬念俱灰，忽然他有獨自一人去隱居的念頭……。

一連幾天沒有去晨運，太太不在家，什麼勁都提不起。今早醒來，感覺頭腦非常清晰，於是鎖上門，一個人出去走走，順便也打聽一下那裡有合適養老的地方。

晨運回來，心境大為開朗，和幾位不如他的晨友比較，他自覺又幸福得多了。

回家途中，夏中雲多買兩份報紙，才好打發漫漫長日。他搬張藤椅在院子裡，打開報紙，看得正入神，忽然覺得有人推開大門，他還來不及取下眼鏡，已經聽見太太叫他的聲音。他不動聲色的埋頭在報紙上，太太已經站在身旁，推推他：

「為什麼不理人？還在生氣嗎？你那來那麼多氣呀？」

丁怡安看他不理睬，轉身向屋裡走去，邊走邊說：

「你看？你不相信？爺爺不理你了，等會我還是把你送回臺北，省得你又惹爺爺生氣……。」

夏中雲一聽，震了一下，猛回頭，果然看見孫兒，他盡量壓制內心的激動，繼續看報紙。

丁怡安也不再理他，把孫兒放在小床上。

偉偉已經醒了，一個翻身坐起來，圓圓的大眼睛四處亂轉，大概是找尋他熟悉的環境。

丁怡安把小床推到客廳，推到大門邊，對著院子，讓丈夫看得到他。走了幾天，她要開始做事情了。

孫兒向她咧嘴笑起來，她好開心，前天走的時候，她絕沒想到還可以把孫兒抱回來，也算奇蹟。就憑她這點本事？她得意的瞥丈夫一眼，正好與丈夫的眼光相遇，她莞爾一笑：

「好啦，老太爺，對不起，可以了吧？我把孫兒抱回來向你請罪啦！進來看看孫兒吧，他好想你啊！」

夏中雲的心思完全不是丁怡安所想那樣，他想到更可怕的一面。女人真是短視，凡事只看眼前，被兒媳耍得團團轉還自鳴得意。媳婦任性把孫兒抱走，無法善其後，一通電話又乖乖的去抱回來，天下最笨的莫過慈母心，真是可憐又可笑。

他放下報紙，一付討債面孔走到孫兒床前，一言不發的瞪著他。

丁怡安的心情從未這麼興奮過，抱孫兒回來是原因之一。她能解開媳婦心中的結才是最大的快慰、最大的收穫。

今早要回來的時候，看見媳婦的心情悒悒，自己也有戚戚然之感。越近家，她越興奮，想到以後三代同堂的遠景，她巴不得插翅飛回家把好消息告訴丈夫。不想一到家就受到丈夫冷漠的待遇，那也是意料中的事，她一點都不在意，她瞟丈夫一眼，笑著對孫兒說：

「偉偉，你看誰來了？你見過撲克牌上的老K嗎？他就站在你面前，叫呀、叫爺爺呀，快叫老K爺爺呀……。」

對著太太那一臉天真的笑容，夏中雲不忍心太掃她的興，盡量設法把自己的臉揉圓，聲音還是冷嗖嗖的無法加熱，他指著孫兒：

「你把他抱回來，不出三天她又會把他抱走，你這是何苦來哉？」

「不會了，這次絕對不會了。」

「哼，不會？江山易改，本性難移，只怕到時候你會欲哭無淚，你這條老命遲早會送在他們手裡。我可是警告你，我已經沒有心情陪你玩這種遊戲，過這種日子了，我已經有了打算，我自己一個人找個清靜的地方，過我自己的生活，省得你還要操心我。我也懶得再看你們……。」

丁怡安被潑了一盆冷水，興奮的熱點一下降到零度。她萬沒有想到丈夫會說出這種斷情絕義的話，一時把她懾住了。她惶然的望著丈夫，心裡淌著血，怵然的說：

「我不知道你腦袋裡想什麼鬼事情，發什麼鬼神經，會說出這樣的話來。我看我們是注定沒有福氣，天意要我孤寂一生。」

「罷罷罷！我也不想說什麼了，既然你這麼想，這麼說，這麼肯定，明天他們會回來，我叫他們馬上抱他走，從此以後，不准他們再回來。反正我今生今世跟定你，天涯海角，刀山地獄，我都會在你身邊，除非我先走，這樣可以了吧……。」

丁怡安說不下去，她摀著嘴巴跑回房裡。她是真的心碎了，老天爺也未免太捉弄她，剛剛撫平兒媳，丈夫又來相煎。他已經沒有力氣再說服任何人，她什麼都不想說。

命，一切都是命，她認了——

夏中雲說話多半帶點意氣，他沒有考慮到太太的感受，更沒有想到太太會那麼認真。她的態度語氣好可怕，說不定事情真的會弄僵。他悔懼起來，心緒好茫然。一心等太太回來，回來不到五分鐘就把事情弄得這麼糟，他恨自己太魯莽、太……。

他伸手摸摸孫兒，孫兒趁機舉起兩手要他抱。幾日不見，親熱依舊，把孫兒抱在懷裡，忽然一陣心酸，明明是自己的骨肉，為什麼要把他看得那麼不相干，我為什麼要放棄他，為什麼不爭取他，明明自己也牽腸掛肚，為什麼偏偏要說得不在乎？如果是真的不在乎，就不會生那麼大的氣……！

夏中雲終於看穿了自己，也說服了自己，他戚然的抱孫兒回房裡，默默的坐在太太身旁，小聲的說：

「安安，真的對不起，傷了你的心，我真的不是有意的，我完全是生他們的氣，以後什麼都依你，我唯你命是聽。如果你一定要到他們家去住，我也跟你去，我的確不能沒有你，安安，我說的都是真心話，這幾天你不在家，我過得好苦，出出進進轉來轉去都是我一個人，你叫我的心情怎麼好得了？我只是心煩，不是有意傷你的心，原諒我，好吧？以後不管他們的態度多惡劣，我都不會計較，只要你不在乎，我就不在乎。只要能夠永遠和孫兒在一塊，什麼氣我都願意受，好吧？」

夏中雲拿出最大勇氣說出真心話，丁怡安已被他真誠的語調所感動，停止了傷心。

她伸出手抱過孫兒，淒然的望丈夫一眼，酸楚的說：

「本來事情就不是你說的那個樣子，你自己要鑽牛角尖，結果苦了自己，也害了別人。我高高興興的由臺北回來，有好消息要告訴你，你卻主觀武斷的先否定一切，我能不傷心嗎？要納福，一定要有度量，動不動生氣，福從何來？擊壤歌、享太平，也要有好的心境，你連這點道理都不懂，還談什麼人生境界……？」

太太回心轉意，夏中雲如獲大赦，一場驚濤駭浪的風暴總算過去了。

有了這次椎心瀝血的真情流露，這對老夫妻更加能體諒對方。雖然他們覺得天下事很難十全十美，但是他們已經認為只要有耐心、慢慢等，總會有圓滿解決的辦法，總會等出佳境來。

●

夏維川、史蘭瑛這對小冤家經過這次事件，兩人也都覺悟了，感情變得很融洽，昨晚兩人幾乎細語到天明，對未來的家庭生活有了新的決定，兩人都充滿了希望與信心。

夏維川送母親、兒子到車站，看母親上了車，才去上班。今天他的心情特別好，原因是這場幾乎可以滅頂的風暴竟然這麼輕描淡寫的過去，他當然感到欣慰而興奮萬分。人逢喜事精神爽，運氣來時門板都頂不住。同事聽見他要買房子，一介紹馬上中意。同事知道他要賣房子，一接頭也可以成交，事事順利。

一下班，夏維川匆匆趕回家把好消息告訴蘭瑛：

「天下事就有那麼巧，小陳住的就是新社區，非常理想，中午他帶我去看過，完全是你昨晚所描述的格局，我看了中意，明天中午我們先去看過再回家……。」

夏維川看出太太的心事，笑著說：

「不用擔心錢的問題，我們這間房子朱科長很想要，幾乎已經敲定了，運氣來了，似乎要多順利就多順利，不由你不信……。」

夏維川一邊吃飯一邊把詳細情形向蘭瑛說了，事情的確太順利，蘭瑛幾乎不敢相信那是實情。

這一晚，小倆口更興奮，商量的事情更多，巴不得明天中午趕快到來，他們要趕回家報告好消息。

下班後，夏維川帶太太又去看一次房子，史蘭瑛也十分滿意，於是兩人歡天喜地的回家。

一回到家，夏維川馬上遞了張房屋圖給父親，史蘭瑛也把婆婆拉出來，讓父母並排坐著，夏維川帶點緊張不安的神態瞥父親一眼，面對父親，他總有點不自然，他勉強自己一定要克服這一點，他已經努力懇切的說：

「爸，有件事由你決定，我們想換一間房子，我和蘭瑛已經去看過，很理想，獨門獨院二層樓洋房，邊間空地多，前後都有院子，夠你和媽媽種花種菜養雞，如果你看後滿意，我們就可以進行。」

「地點是偏一點，反正有巴士，早上我們早一點出門，晚上遲一點到家而已。」

史蘭瑛從未用這種態度語氣和家人說過話。丁怡安感到滿意，夏中雲感到愕然。大家都偷偷的瞥她一眼。

「附近有菜市場，有學校、醫院，樣樣都方便，已經有很多人家了。」

夏維川依然怯怯的望著父親：

「爸爸如果同意跟我們一塊住，我們明天先去看看，一切由爸爸決定。」

為了讓母親安心，夏維川繼續說：

「媽媽不必擔心錢的問題，一間換一間，綽綽有餘。我們現在住的房子地段好，好幾位同事都想要。」

夏中雲一時無法接受這種事，兒媳變得太快，他反而疑惑起來，人性不可能變得那麼快，有什麼特殊的原因嗎？他眼光迅速掃大家一眼，找不到答案。

最後，他愕然的望著太太，聲調有點不滿：

「這種事你一回來為什麼不先告訴我？」

丁怡安比丈夫更驚訝，才走開一個晚上，怎麼會有這種重大的決定，她做夢也沒有想到遠景會來得這麼快，她一樣不相信兒媳會變得這麼快，這不合邏輯？

「我也是現在才知道，我告訴你什麼？」

史蘭瑛抱著兒子擠到中間，笑著說

「我們是昨晚商量後才決定這麼做，不想維川到公司馬上就有人介紹，大家一傳開，知道他要買房子，也要賣房子，小陳熱心介紹，馬上帶維川去看，維川說很好，剛才下班我們又去看一次，的確很理想，所以我們想……等爸爸決定後我們就可以進一步談了。維川同事小陳就住在那裡，他們也是和父母一塊住，將來你們還可以做朋友，爸爸你看怎麼樣？」

夏中雲定定神，一言不發的站起來，他的表情把大家嚇得幾乎魂不附體，六隻眼睛盯著他。

他走到電視機前，拿起一張單子，重回座位，把那張單子展開，蓋著那張房屋圖，用手指神氣十足的點著那些字要大家看。

丁怡安一把搶過去，戴上眼鏡，愕然的看著那張單子，帶點生氣的瞪著丈夫：

「這種事我一回來你為什麼不先告訴我？」

夏中雲沒料到太太記性那麼好，馬上報復，忽然哈哈大笑起來。

（民國八十一年中央日報副刊連載）